Annette Pehnt
Lexikon der Angst

Zu diesem Buch

Die Angst ist ein Alleskönner, deshalb kennt sie jeder. Sie lähmt uns, sie hält uns den Spiegel vor, sie frisst uns auf, und sie befeuert uns. Dabei nimmt sie jede nur erdenkliche Gestalt an, lauert uns auf oder schlägt uns in die Magengrube. Annette Pehnt hat sie beobachtet und belauscht, sie kennt die Angst von A bis Z: Mit schriftstellerischer Leidenschaft nimmt sie alles in ihr Lexikon auf, was das Leben zu bieten hat – von der Existenzangst bis zur Todesangst. Und in kurzen Geschichten lesen wir von leisen, lächerlichen, bestürzenden Momenten der Angst zwischen Müttern und Kindern, der Angst vor Tsunamis, der Finanzkrise und natürlich Fahrstühlen, Hunden und der Einsamkeit.

Annette Pehnt, geboren 1967 in Köln, debütierte 2001 mit ihrem Roman »Ich muß los«, für den sie unter anderem mit dem Mara-Cassens-Preis ausgezeichnet wurde. Seitdem erschienen von ihr neben zwei Bänden mit Kurzprosa drei Romane. Für »Chronik der Nähe« wurde sie mit dem Solothurner Literaturpreis sowie dem Hermann-Hesse-Preis ausgezeichnet. Annette Pehnt lebt mit ihrer Familie in Freiburg.

Annette Pehnt

Lexikon der Angst

Piper München Zürich

Mehr über unsere Autoren und Bücher:
www.piper.de

Von Annette Pehnt liegen bei Piper vor:
Ich muß los
Insel 34
Der kleine Herr Jakobi
Haus der Schildkröten
Mobbing
Man kann sich auch wortlos aneinander gewöhnen das muss gar nicht lange dauern
Hier kommt Michelle
Chronik der Nähe
Lexikon der Angst
Die Bibliothek der ungeschriebenen Bücher

MIX
Papier aus verantwortungsvollen Quellen
FSC® C083411

Ungekürzte Taschenbuchausgabe
Januar 2015
© 2013 Piper Verlag GmbH, München
Umschlaggestaltung: Kornelia Rumberg, www.rumbergdesign.de
Satz: Kösel Media GmbH, Krugzell
Gesetzt aus der Granjon
Papier: Munken Print von Arctic Paper Munkedals AB, Schweden
Druck und Bindung: CPI books GmbH, Leck
Printed in Germany   ISBN 978-3-492-30642-3

»Meine Arbeiten sind eine Serie von Exorzismen.«
Louise Bourgeois

A

Aal Ein Glas Milch ist eine Mahlzeit, hat schon die Großmutter behauptet. Deswegen gab es Milch nicht zum Essen, denn eine Mahlzeit genügt. Am Nachmittag, wenn sie vom Spielen kam, die Rufe der anderen Kinder noch in der dämmrigen Luft, wusch sich die Großmutter die Hände, wischte sie an der Schürze ab und stellte ein frisch gespültes Glas vor sie auf den Tisch. Jetzt ist es Zeit, sagte die Großmutter, du hast Hunger. Es war keine Frage, sie wusste es. Sie nickte und schaute zur Großmutter hoch, die mit beinahe feierlich zusammengepressten Lippen die Milchflasche öffnete und das Glas voll schenkte und neben ihr stehen blieb, die Hände in die Hüften gestemmt, während sie beide Hände um das Glas schloss, es an ihre Lippen hob und es in kleinen Schlucken leerte. Danach war sie satt bis zum Abend, weil Milch eine Mahlzeit ist, bläulich schimmernd im Glas, eine weiße Schliere über der Lippe.

Später waren sie in den Herbstferien in Venedig, ohne die Großmutter, die nun in einem Heim lebte und keine Schürze mehr brauchte, weil sie im Heim vollständig verpflegt wurde, und sahen im Seitenschiff einer Barockkirche ein Bild mit einer üppigen Maria. Das Jesuskind zupfte mit prallen Fingern an ihrer Brust, aus deren Brustwarze ein gelblicher Milchtropfen quoll, und sie war, während ihre Eltern peinlich berührt und leicht angewidert den Blick von Marias tropfender Brust nicht lösen konnten, nicht überrascht. Auch das Jesuskind brauchte eine Mahlzeit.

Die Milch, die sie nun zu Hause im Kühlschrank hatten, war in Plastikschläuche abgefüllt. Man musste den Schlauch, der kühl und prall war und von alleine nicht stehen konnte, in einen Plastikhalter zwängen, der Schlauch bäumte sich auf wie ein fetter Aal, ein ungebärdiger Körperteil oder eine riesige Made. Mit der Schere musste man ihm eine Ecke abschneiden, aus der sofort Milch schwappte, als hätte der Schlauch es gar nicht erwarten können. Sie trank nun Milch auch im Kaffee und im Tee.

Später zog sie aus und mochte plötzlich keine Milch mehr. Sie aß unregelmäßig, kam oft spät in ihre Wohnung und trank dann lieber ein Glas Wein, morgens reichte es oft nicht zum Frühstück, sie machte sich schnell einen Espresso und kaufte auf dem Weg zur Straßenbahn ein Croissant auf die Hand. Trotzdem hatte sie meistens eine Flasche Milch im Kühlschrank, die nach einer Weile versauerte und ihr käsig entgegenstank, wenn sie vorsichtig den Verschluss aufschraubte. Wenn sie Kinder hätte, dachte sie manchmal, während sie im Supermarkt an der Kühltheke vorbeischob, müsste sie mehr Milch kaufen, die gut für die Knochen ist und warm mit Honig auch gut gegen Halsweh.

Dann saß sie irgendwann abends allein am Küchentisch und lauschte. Aus der Nachbarwohnung hörte sie schwaches Fernsehwimmern, unten auf der Straße bellte ein Hund. Sie spürte Hunger, obwohl sie vorhin noch beim Metzger zwei Frikadellen geholt und sie gleich mit spitzen Fingern gegessen hatte, sie hätte satt sein müssen, durstig war sie auch nicht. Sie stand auf, holte die Milchflasche aus dem Kühlschrank und schnupperte daran. Die Milch roch frisch, ein wenig buttrig und ehrlich.

Sie schenkte sich ein Glas ein, ein weißer Schwall schäumte ins Glas wie frisch gemolken und stürzte ihr plötzlich ins Gesicht, ein weißer Vogel, und sie konnte nichts mehr sehen. Sie presste die Augen zu, bis sie die Feuchtigkeit spürte, die ihr über die Finger rann und auch schon auf den Boden troff, schnell riss sie die Augen auf und sah eine Milchlache auf dem Tisch, auf den Fliesen, ihre Finger wie kleine Landzungen auf die Tischplatte gestemmt. Sie wich zurück und wischte die Hände unwillkürlich am Pullover ab, obwohl sie keine Schürze trug. Rasch griff sie nach einem Lappen, schleuderte ihn in die Milchlache und schaute, bevor sie alles wegputzte, im Badezimmer ihr Gesicht an. Keine Milchspuren, ein Schreck in den Augen, die Lippen etwas verwischt.

Sie atmete langsamer, wusch die Hände und ging langsam zurück in die Küche. Nachdem sie alles gereinigt hatte, leerte sie die Milchflasche ins Spülbecken. Diesmal hatte sie sich schon unmerklich geduckt, als mit dem weißen Strahl wieder eine heftige helle Bewegung aufzuckte und ihr grell über die Augen fuhr. Die Flasche glitt ihr aus den Händen und knallte in die Spüle. Sie hielt sich an der Anrichte, mit fest geschlossenen Augen, zitternd.

Später spülte sie die Flasche aus und stellte sie zum Altglas. Sie beschloss, eine Weile auf frische Milch zu verzichten, schließlich trank sie die Flaschen nie aus, es lohnte sich nicht und war auch ungesund. Den weißen Angriff noch im Blut, wandte sie den Blick ab, wenn sie im Fernsehen Reklame mit saftigen Wiesen und melkenden Bäuerinnen sah, lachte aber zugleich über die unziemliche neue Furcht, von der niemand wusste.

In der Cafeteria ihrer Firma trank sie den Kaffee nur noch schwarz. Meistens saß sie alleine, aber einmal setzte sich jemand zu ihr, der das Milchkännchen anhob, kurz hineinspähte, Kondensmilch, Kaffeesahne oder einfach Milch, ein Schuss in den sämigen Kaffee, den der teure Kaffeeautomat, eigens für die Mitarbeiter angeschafft, seitdem der Aufschwung sich endlich ordentlich bemerkbar machte, besonders kräftig aufbrühte, man konnte ihn fast ohne Milch nicht trinken, oder, meinen Sie nicht auch, ich nehme ja sonst den Kaffee eher schwarz, zu Hause, meine ich, oder in der Stadt, wenn ich mir am Samstag mal einen gönne, erst über den Markt, dann einen guten Kaffee, sich ruhig mal etwas Gutes tun am Wochenende, oder, da schlug die Milch schon über ihrem Gesicht zusammen, ihr süßer weißer Tsunami, und sie sprang auf und wich zurück.

Ist etwas mit Ihnen.

Ich habe – ich habe einen Termin vergessen.

Sie haben ja Ihren Kuchen gar nicht aufgegessen.

Nicht nötig, weil die Milch ihr das Maul stopft und in die Augen blendet, und nun muss sie schnell weg, zu ihrem Termin.

Abendlicht Die Sonne ist ein großes Geschäft, sagt er, unbezahlbar ist sie, und er lacht kurz über seinen Scherz.

Wie meinst du das, fragen die Bekannten, meinst du, jemand macht mit der Sonne Geschäfte, oder meinst du, dass man ohne die Sonne gar keine Geschäfte machen könnte, oder dass wir froh sein können, dass die Sonne scheint.

Er lacht geheimnisvoll und nickt in die Abendsonne, die alles, die Terrasse, die Bekannten und ihn selbst, in ein gnädiges aprikosenfarbenes Licht taucht, ein Licht, wie es nur am Ende des Sommers möglich ist, getränkt mit langen Tagen, späten Nächten, Sommerlieben, ein Licht, das ihnen allen mindestens zehn

Extrajahre schenkt, ja, sagt er wissend, ein großes Geschäft.

Die Bekannten schauen sich ratlos an, dann heben sie die Gläser, die er vorhin zum zweiten oder dritten Mal gefüllt hat, sie sind hier, um auf die Bekanntschaft anzustoßen, auf das Ende des Sommers, auf die vielen Sommer, die noch vor ihnen liegen, auch auf die schönen Urlaube, die sie ohne größere Zerrüttungen, vielleicht sogar mit wachsender Gelöstheit überstanden und in die sie ja auch eine Menge investiert haben, und warum sollen sie nicht auch auf die Sonne und ihre Geschäfte anstoßen.

Jetzt fällt es ihnen ein: Sicher hat ihr Gastgeber, der auch nach der Finanzkrise noch über beträchtliches Eigenkapital verfügt, in alternative Energien investiert, ein kluger Schachzug trotz des Rückgangs an staatlicher Unterstützung und trotz des umweltpolitischen Richtungswechsels. Darauf lässt sich fürwahr anstoßen, die Sonne als Geschäft, ein Geschäft, das für schwarze Zahlen sorgt und zugleich den Planeten schont, ja, fallen sie also ein, unbezahlbar ist die Sonne, recht hast du.

Da sehen sie, dass er sein Glas nicht erhebt, er hat es wieder abgestellt und das Gesicht auf die Hände gestützt und runzelt auf einmal düster die Stirn. Heute können sie sich keinen Reim auf ihn machen, erst diese Begeisterung, dieses geheimnisvolle Triumphieren, dann die zusammengezogenen Augenbrauen, nicht dass sie nicht gern mit ihm feiern, vor allem unternehmerische Risikobereitschaft sind sie jederzeit bereit zu unterstützen, aber wieso brütet er auf einmal vor sich hin.

Also raus mit der Sprache, drängen sie und lehnen sich zurück, sein Garten im Abendlicht ein festlicher Park, sie wüssten schon gern, was es in einem solchen Ambiente zu grübeln gibt.

Er antwortet nicht gleich, er scheint zu überlegen, was er ihnen preisgeben kann, dabei kennen sie sich schon seit Jahren, seit Jahrzehnten, eigentlich schade, dass man einander nach so langer Zeit nicht einfach das Herz öffnen kann, Sonne hin oder her.

Zögernd sagt er schließlich, als wüsste er schon, dass man ihm vermutlich nicht glaubt, ich weiß nicht, sagt er, ob ihr informiert seid, aber die Sonne wird uns geliehen, jeden Tag von Neuem.

Sie lachen auf, sie mustern sein Gesicht, um zu sehen, ob er es ernst meint, sie werfen sich Blicke zu. Aber er verzieht keine Miene, zwinkert ihnen nicht zu, kein schelmisches Zucken der Mundwinkel.

Und was meinst du, wer ist der große Sonnenverleiher, fragen sie lächelnd, bereit, sich auf sein Hirngespinst einzulassen, wer hat sich das Monopol gesichert.

Sie wird uns geliehen, wiederholt er, und wir zahlen dafür. Jeden Tag.

Und was zahlen wir, wollen sie wissen, das ist ja sicher nicht ganz billig, jeden Tag die Sonne auszuleihen.

Unbezahlbar, sagt er. Wir sind schwer verschuldet. Dann steht er auf und geht langsam ins Haus. Einen Moment lang ist es still am Tisch. Sie schauen ihm hinterher, jemand erhebt sich halb, um ihm nachzueilen und ihn zu beschwichtigen, aber die anderen halten ihn zurück.

Lass ihn mal. Das wird gleich wieder.

Wir sollten dann auch allmählich aufbrechen.

Sie trinken ihre Gläser aus, werfen noch einen Blick auf die gepflegten Staudenbeete, Astern im Abendlicht, der Zierahorn verfärbt sich schon, das wird bald ein Farbenspiel, noch zwei oder drei Wochen, dann kommt der Herbst.

Anwesenheit Der Vermieter wartet auf sie. Im Flur. Er hat seine Sachen gleich mitgebracht, damit er alles zur Hand hat, in großen Koffern steht sein ganzes Hab und Gut im Treppenhaus. Im Grunde wohnt er vor ihrer Haustür. Dabei ist er doch der Vermieter und könnte ganz gemütlich mit seiner Frau in seiner weitläufigen Vermieterwohnung in seinem eigenen großen, teuren Haus wohnen, das er sich vom Geld seiner Mieter gebaut hat, anstatt seinen Mietern aufzulauern. Dort könnte er auch fernsehen und Wäsche waschen, Dinge, zu denen er vor ihrer Tür natürlich keine Gelegenheit hat. Deswegen riecht es auch etwas streng im ganzen Treppenhaus, was nicht im Interesse des Vermieters sein kann.

Selbstverständlich hat sie versucht, mit ihm ins Gespräch zu kommen. Sie ist ein friedfertiger Mensch und setzt ganz auf die Kraft des Wortes. Erwachsene Personen werden es ja wohl fertigbringen, sich an einen Tisch zu setzen und die Dinge miteinander zu klären. Nicht so der Vermieter. Zwar sieht er erwachsen aus, verhält sich aber wie ein trotziger Junge, und das ist noch untertrieben.

Es fing an mit einigen Unstimmigkeiten, die Mülltage und andere Kleinigkeiten betreffend. Der Vermieter behauptete, sie stelle die Mülleimer immer am falschen Tag an die Straße, nämlich von Dienstag auf Mittwoch statt von Mittwoch auf Donnerstag. Sie zeigte ihm den Plan, den sie von den städtischen Müllwerken bekommen hatte. Eindeutig: Mittwoch. Der Vermieter riss ihr den Plan aus der Hand, beugte sich darüber und fuchtelte dann rechthaberisch vor ihrer Nase herum: Der Plan sei vom Vorjahr, hier stehe es doch, er könne ihr gern den aktuellen Plan zukommen lassen. Aber Plan ist Plan, sie ließ sich natürlich nicht beirren von seinen wirren Vorwürfen und stellte die Mülleimer weiterhin von Dienstag auf Mittwoch an die Straße.

Von da an hatte er es auf sie abgesehen. Als Nächstes behauptete er, diesmal telefonisch, sie habe ihren Namen nicht korrekt am Briefkasten angebracht. Sie legte sofort auf. Sie wusste doch, dass sie gleich nach ihrem Einzug einen Zettel geschrieben und ihn an den Briefkasten geklebt hatte, außerdem kam die Post regelmäßig, also war offensichtlich alles in bester Ordnung. Nein, rief der Vermieter, der gleich am nächsten Morgen vor ihrer Tür stand, das Namensschild müsse computergedruckt sein, nicht handgeschrieben. Und wie soll sie das bitte sehr bewerkstelligen? Denkt er etwa, dass jeder Mensch unter Gottes Sonne einen Computer besitzt? Ihr Sohn hat natürlich einen, aber soll sie ihren Sohn, der in einer anderen Stadt wohnt und sein eigenes Leben führt, damit behelligen? Soll ihr Sohn auf dem Computer ein Namensschild schreiben, es ausdrucken und ihr schicken, nur damit der Vermieter endlich Ruhe gibt? All das sagte sie ihm ins Gesicht, und er bot sofort an, das Namensschild selbst zu schreiben und an ihrem Briefkasten anzubringen. Da blieb ihr die Luft weg. Sofort schlug sie die Tür zu, auch wenn sie sonst kein aufbrausendes Temperament besaß, lehnte sich von innen dagegen und atmete schwer. Allein der Gedanke, dass der Vermieter mit seinen wurstigen rosa Fingern ihren Namen tippte, verursachte ihr Übelkeit, ganz zu schweigen davon, dass er nichts an ihrem Briefkasten zu suchen hatte, wer weiß, was er damit anstellen würde. Nicht dass sie ihm Diebstahl oder Zerstörungswut unterstellte, aber schließlich war er ein Fremder, und da war Misstrauen nur gesund.

Dass es gefährlich ist, sich einem Vermieter zu

widersetzen, begriff sie erst nach und nach. Für sie war die Angelegenheit erledigt; Müll und Post reibungslos, ansonsten nur nette Mieter im Haus, man grüßte sich, in der spätsommerlichen Wärme genoss sie den Balkon, den sie in der alten Wohnung nicht gehabt hatte, es hätte alles sehr friedlich sein können.

Eines Tages trug sie die Wäsche nach unten in den Waschkeller und traf den Vermieter auf der Treppe. Auch er grüßte mit überraschender, beinahe schon sonderbarer Herzlichkeit und folgte ihr in den Waschkeller. Als sie sich irritiert umdrehte, weil es keinen Grund gab, warum der Vermieter ihr hintersteigen sollte, rief er ihr zu, sie solle nur vorangehen, er wolle ihr die schwere Kellertür aufhalten, weil sie ja keine Hand freihabe. Da durchschaute sie ihn. Wenn sie ihm den Rücken zuwandte, würde er sie angreifen, sie wusste es, ihr ganzer Körper wusste es, sie ließ den Wäschekorb fallen, der die Treppe hinunterkrachte, presste sich ans Geländer, und obwohl der Schreck gewaltig war, schaute sie dem Vermieter immerzu ins Gesicht, um ihn in Schach zu halten, und spürte zugleich, wie mutig sie war und dass er ihr nichts würde anhaben können.

Was ist denn mit Ihnen, murmelte er, was haben Sie denn bloß. Lassen Sie mich, stieß sie hervor und ging rückwärts die Treppe hinunter, ließ ihn aber nicht aus den Augen, bis er endlich abdrehte und irgendwo im Haus verschwand, wo, war eine andere gute Frage, denn schließlich wohnt er nicht hier, jemand musste ihm also Einlass gewährt haben, denn als sie später, nachdem sie langsam und schwer atmend die Waschmaschine in Gang gesetzt hatte, wieder hoch in ihre Wohnung stieg, war er nicht mehr zu sehen.

Sie hatte gedacht, dass es schlimmer nicht mehr kommen könnte. Der Mut auf der Kellertreppe war inzwischen einer gewissen Verzagtheit gewichen, das gab sie zu, aber sie beruhigte sich damit, dass der Spätsommer wirklich betörend war und dass die Wohnung so viele Vorteile hatte, dass man diesen Vermieter schon in Kauf nehmen konnte, zumal er ja den Gipfel der Unverschämtheiten bereits erklommen hatte.

Da kannte sie den Vermieter schlecht.

Einige Wochen später, als sie sich wieder einmal in den Waschkeller gewagt hatte, mit feuchten Händen, dagegen konnte sie nichts machen, und die saubere Wäsche aus der Trommel in den Waschkorb räumte, um sie dann aufzuhängen, machte sie eine verstörende Entdeckung. Ihre Unterwäsche fehlte. Blusen, die helle Hose, auch die Söckchen, alles vollständig, aber die Höschen, die Mieder und der neue Büstenhalter waren verschwunden. Sie schüttelte alle Kleider gründlich aus, vielleicht hatten sich die Sachen in den feuchten Falten verborgen, aber es war so, wie sie es gleich befürchtet hatte: alles weg. Und sie wusste auch schon, wer sie entwendet hatte, nur einer kam infrage. Sie ließ die Wäsche, wo sie war, eilte gleich hoch, rief nun doch mit brennendem Gesicht ihren Sohn an, den sie ja eigentlich nicht hatte behelligen wollen, und erzählte ihm alles. Er schwieg lange, vermutlich fehlten ihm die Worte. Sie wollte es noch etwas ausführlicher schildern, da unterbrach er sie auf unhöfliche Weise und herrschte sie an. Das sei Unsinn, sie solle sich nichts einreden, was der Vermieter denn mit ihrer Unterwäsche anfangen solle, und jetzt sei Schluss mit dem Quatsch. Sofort kamen ihr die Tränen. Niemals hätte sie gedacht, dass ihr Sohn sich gegen sie stellen würde. Wie konnte er es wagen, ihre Angst einfach abzutun. Früher war er einfühlsam und liebevoll gewesen; diese harte Seite hatte er noch nie gezeigt, und wenn sie ehrlich war, erinnerte er sie in diesem, aber natürlich nur in diesem Moment an den Vermieter. Als sie gerade auflegen wollte, rief er noch, sie solle doch den Vermieter mal zu Kaffee und Kuchen einladen, dann würde sich sicher alles klären. Fast musste sie lachen, weil dieser Vorschlag so demütigend war; gerade hatte der Vermieter ihr die Kleider gestohlen, die sie an den privatesten Stellen ihres Körpers trug, hatte sie also praktisch entehrt, und da sollte sie ihm Erdbeertorte mit Schlagsahne auftischen. Nicht Erdbeertorte, rief der Sohn, es ist doch gar keine Erdbeerzeit mehr, mach ihm doch Pflaumenkuchen vom Blech, den wünsche ich mir auch, wenn ich mal wieder auf Besuch komme, hörst du. Fast hätte sie noch gesagt, am Sankt-Nimmerleins-Tag meinst du, aber diese

Spitze verbot sie sich, sie legte einfach auf und schaute weinend in der Küche, ob sie alle Zutaten für einen Pflaumenkuchen beisammen hatte, Zwetschgen waren noch genug da, die hatte sie um diese Zeit immer im Haus, alles andere reichte auch, und unter bitteren Tränen band sie sich die Schürze um und backte für den Vermieter ihren besten Zwetschgenkuchen. Als er fertig war, schlug sie Sahne, der heftige Duft ließ sie nur noch heftiger schluchzen, setzte Kaffee auf und rief den Vermieter an.

Ja hallo, sagte eine fremde Stimme.

Nein, sagte sie, ich muss den Vermieter sprechen.

Ich bin seine Frau, sagte die Stimme, er ist gerade nicht da, mit wem spreche ich denn.

Nein nein, rief sie noch einmal, ich habe gerade den Kuchen aus dem Ofen geholt, er muss jetzt kommen, das hat auch mein Sohn gesagt.

Ich verstehe nicht ganz, sagte die Stimme freundlich, sagen Sie mir doch einfach Ihren Namen, ich richte dann gern etwas aus.

Da legte sie auf. Den Kuchen aß sie allein, obwohl ihr der Appetit vergangen war. Drei Stücke brachte sie noch ihrer Nachbarin, die sich freudig bedankte und den Kuchen lobte, aber trösten konnte sie das nicht.

Seitdem versucht sie, mit dem Vermieter zu leben. Sie sieht ihn nie, aber sie spürt seine Gegenwart ständig. Morgens holt sie die Zeitung nicht mehr hoch, um ihn nicht zu wecken. Während sie frühstückt, hört sie, wie er draußen aufwacht und in seinen Habseligkeiten kramt. Manchmal fragt sie sich, was seine Frau wohl dazu sagt, dass er nun bei ihr lebt. Wenn sie nachmittags einkaufen geht, warnt sie ihn laut durch die Tür, und er schafft es jedes Mal, alles rechtzeitig frei zu räumen, als hätte es ihn nie gegeben. Abends, wenn sie fernsieht, hat sie sich angewöhnt, den Fernseher lauter als nötig zu stellen, damit auch der Vermieter da draußen im dunklen Treppenhaus etwas hört. Und wenn ihr Sohn, der sie seit dem Spätsommer noch nicht besucht hat, am Telefon mit einem scherzhaften Unterton fragt, wie es denn dem Vermieter gehe, ob der Pflaumenkuchen ihm denn geschmeckt habe, dann sagt sie nur, so ruhig wie möglich: Es geht ihm gut.

Demnächst wird sie ihn fragen, ob sie seine Wäsche mitwaschen soll. Wenn sie sich traut.

Ausgang Du musst besser zuhören, herrscht sie die alte Dame an. Sie sitzen in einem Teehaus mit Blick auf das Watt, Tochter und Mutter, jede einen Pott frisch aufgebrühten Tee vor sich, es ist sehr still. Draußen fährt der Wind durch die Büsche, über die Salzwiesen und durch die Haare der unermüdlichen Touristen, die im Garten Tee trinken, aber die Fenster sind geschlossen, und man hört nur die Schritte der Aushilfskellnerin auf dem dunklen Parkett, manchmal das Rascheln einer Zeitung oder ein Husten.

Bisher waren auch die Tochter und die Mutter still, sie haben sich Tee eingeschenkt und über das Watt geblickt, wie es alle tun, die hierher kommen, aber dann hat sie etwas gesagt, die Mutter hat nichts gehört, und nun beugt sie sich vor und wiederholt sehr laut, was sie gesagt hat: Die Leute draußen sitzen im Wind.

Ja, sagt die Mutter, im Wind.

Du brauchst nicht zu wiederholen, was ich gesagt habe, sagt sie. Es ist eine Schärfe in ihrer Stimme, unter der man sich wegducken will, aber die Mutter hält sich weiterhin aufrecht, sie hat einen schmalen, geraden Rücken und einen ausgetrockneten, knöchernen Kopf mit wenigen Haaren, die sorgfältig zu einem Scheitel gekämmt sind.

Ja ja, macht die Mutter. Es ist eher ein Geräusch als eine Bemerkung, ein geduldiges, vorwurfsfreies stimmhaftes Seufzen. Es versetzt sie in kalte Rage.

Wie, ja ja, stößt sie hervor, warum sagst du ja ja, was soll das heißen. Jetzt sag doch auch noch so so, na mach schon, ein sinnloses Gequassel ist das, warum machst du das.

Die Mutter schaut ratlos in ihr Gesicht, dann auf die blau gemusterte Teetasse. Sie nimmt ein Stück Kandis und lässt es in den Tee gleiten, dann ein zweites, das sie sich in den Mund schiebt.

Und jetzt wieder so tun, als hörst du schlecht, flüstert die Tochter laut, ist dir schon mal aufgefallen, dass alle alten Damen sich darüber beschweren, alle, aber keine kommt auf die Idee, dass vielleicht die alten Damen selbst schuld sind, vielleicht wollen sie gar nicht hören, vielleicht hören sie gar nicht erst zu.

Die Mutter hebt nun vorsichtig den Blick und prüft, ob die anderen Gäste mithören. Es gibt viele Zeugen. Alle schauen auf das Watt und rühren Kandis in ihren Tee. Die Tochter lehnt sich zurück und schweigt einen Augenblick. Auf einmal hört man ein leises Kaugeräusch: der Kandis zwischen den Zähnen der Mutter. Das genügt ihr, um sich so plötzlich nach vorne zu beugen, dass die Mutter leicht zusammenzuckt.

Morgen fahren wir ab, sagt sie, nun ganz ruhig, aber wenn du nicht rechtzeitig gepackt hast, lasse ich dich stehen.

Ich kann ja früh aufstehen, sagt die Mutter besänftigend, und packen.

Und wann willst du aufstehen, spottet die Tochter und lacht leise, um drei Uhr morgens? Oder um vier?

Um vier vielleicht, stimmt die Mutter zu, die nicht gemerkt hat, dass die Tochter sie verhöhnt.

Um vier, na dann bist du sicherlich um sieben mit allem fertig, oder?

Ja, sagt die Mutter, ich denke. Sie steht auf, es sieht aus, als wolle sie davongehen, und blickt sich um. Nun sieht man, wie klein sie ist. Die Tochter starrt auf das Watt. Vielleicht sieht die Mutter nicht gut, sie geht langsam auf das Wandregal mit dem Teegeschirr zu. Die Tochter dreht sich nicht nach ihr um. Da springt einer von den Gästen auf, ein älterer Herr, überschäumend vor Mitleid und Hilfsbereitschaft, hält die Mutter zurück, bevor sie in das Teegeschirr hineinsteuert, und führt sie am Arm aus dem Salon, vor die Damentoiletten.

Aber hineingehen, sagt er beinahe liebevoll zu ihr, müssen Sie schon alleine.

Wieso, sagt die Mutter tonlos, ich will nicht hinein. Ich will hinaus.

B

Buch des Lebens   Weil sie niemandem ähnelt, wird sie ständig verwechselt. Fremde sprechen sie in der Straßenbahn oder in der Schlange vor der Supermarktkasse an, freudiges Wiedererkennen im Blick.

Sie sind doch die Freundin meines Bruders, wir haben uns doch beim Grillen neulich – wissen Sie noch?

Wenn sie dann abwinkt, zunächst nur ermüdet, weil sie sich so oft gegen solche Vereinnahmungen zur Wehr setzen muss, dann zunehmend verärgert, stößt sie auf schieres Unverständnis. Die Fremden beharren auf ihrer Vertrautheit, sie lassen es sich nicht nehmen, man kennt sich, man hat sich ganz sicher schon gesehen, gar gesprochen, und wenn nicht beim Grillen, dann vielleicht bei dem Kinoabend neulich, als die Luft so warm war, viel zu warm eigentlich für Kino, aber den Film hat man sich doch nicht entgehen lassen wollen, und es hat sich ja auch gelohnt, das muss sie doch zugeben! Oder beim Italiener, da muss es gewesen sein, draußen auf dem Platz, neben der Kirche, eine unglaubliche Stimmung, der Mond fast voll und so tief am Himmel, als ob der Kirchturm ihn aufspießen könnte, und dann noch der Geiger, dieser Zigeuner, die können ja auch sehr lästig sein, aber dieser hatte einen Schmelz, einen ganz besonderen Charme, wie er sie alle eingewickelt hat in seine glühenden Melodien, das kann sie einfach nicht vergessen haben! Sie hat ihm sogar noch Münzen zugeworfen, diesem Zigeuner, das haben viele gemacht an dem Abend, der solch einen Schmelz hatte, der Zigeuner muss gut verdient haben an dem Abend. Sie schaut die Fremden ermattet an, der Drang, einfach zuzustimmen und in ein anderes Leben einzusteigen, wird immer stärker, es ist verführerisch zu nicken, mehr ist gar nicht nötig, um aufgenommen zu werden in diesen fremden Verlauf, der angenehm klingt, ein spannender Kinoabend, ein unglaublicher Sommerabend auf dem Kirchplatz, warum nicht, warum nicht einfach zustimmen: Ja, stimmt, ich weiß nicht, wieso ich es vergessen habe, ich hatte in letzter Zeit so viel um die Ohren, weißt du, da vergisst man schon einmal das eine oder andere, und der Fremde könnte begeistert einfallen, ja, das kenne ich, natürlich, das geht mir ganz oft so, wo arbeitest du noch mal. Es gäbe ein Gespräch, ein Hin und Her, eine neue Geschichte begönne.

Einmal bestand jemand sogar auf einer gemeinsam verbrachten Nacht. Sie trafen sich im Speisewagen des ICE, sie wartete auf ihre Pilzsuppe und studierte die Werbesprüche auf den Papierdeckchen, er saß ihr schräg gegenüber und musterte sie, sie ahnte schon, was kommen würde, aber diese Heftigkeit hatte sie nicht erwartet. Er ließ sie nicht aus den Augen, dann, als sie gerade den Löffel in die Suppe tauchte, griff er über den Tisch und packte sie an den Handgelenken, sodass sie den Löffel fallen ließ, ja, stieß er hervor, das gibt es doch nicht, dass wir uns hier wiedersehen. Sie seufzte leise, zog ihre Hände weg, wischte sich die Finger an der Serviette ab und wartete auf seine Geschichte, aber er sagte gar nichts, er musste sich seiner Sache sehr sicher sein, er rückte auf der Plastikbank nach rechts, bis er ihr direkt gegenüber saß, beugte sich vor und starrte sie an. Schließlich nahm sie den Löffel wieder zur Hand und fing an zu essen. Wenn er schwieg, konnte sie genauso gut essen. Da fing er an zu lachen, beinah höhnisch und sehr heftig, als sei es lächerlich oder abwegig, jetzt in diesem Moment zu essen.

Du willst mich nicht kennen, stieß er hervor, du willst dich nicht erinnern. Sie aß weiter, was sollte sie auch tun, sie wusste ja nicht, woran sie sich erinnern sollte, sie musterte ihn, während sie die Suppe schluckte und die Pilze kaute, er sah wirr aus und sehr entschlossen, sie fand ihn hübsch, wie er sich erregte, und als ihm die Zugbegleiterin ein Bier brachte, hätte er es fast umgestoßen, weil er heftig mit den Händen fuchtelte und sich weit zu ihr vorbeugte: Diese Nacht, die kann keiner vergessen, die ist eingeschrieben in das Buch des Lebens. Die Idee hörte sich interessant an, ein Buch des Lebens: Vielleicht, dachte sie, gab es verschiedene Seiten in diesem Buch des Lebens, und einige davon hatte sie versehentlich überblättert und kannte deswegen den Text nicht, während dieser Fremde andere Seiten darin gelesen hatte, und sie hing dem Gedanken weiter nach, vielleicht gab es auch nur eine abweichende Seitennummerierung, vielleicht hatte jemand das Inhaltsverzeichnis durcheinandergewirbelt, das würde manches erklären, vielleicht kam sie auf manchen Seiten vor, die sie selbst nicht gelesen hatte, und die Leser dieser Seiten kannten sie, und vielleicht kannte auch dieser fremde Mann sie und hatte sogar mit ihr eine Nacht verbracht, die ins Buch des Lebens eingeschrieben war, die sie aber übersehen hatte.

Welches Buch des Lebens, fragte sie vorsichtshalber, vielleicht konnte der Mann ihr etwas erklären über dieses Buch, und vielleicht würde er sich dabei beruhigen, und man könnte sich vernünftig unterhalten, ohne diese Fuchtelei und diese heftigen Blicke. Aber der Mann schüttelte nur den Kopf, nein, flüsterte er, ein lautes Bühnenflüstern, das jeder im ganzen Speisewagen hören musste, so kommst du mir nicht davon, du weißt ganz genau, was ich meine, du schaust mir jetzt mal in die Augen, ich habe dich gesucht, und das weißt du, und du schaust mich jetzt an. Sie schob die Suppe zur Seite und schaute ihn probeweise an, sie fühlte sich zwar bedrängt, aber auf eine süße, beklemmend angenehme Weise, sie hätte nichts dagegen, in diese Geschichte einzusteigen, obwohl es sich bedenklich anhörte, gefährlicher als das, was sie gerade vorhatte: eine harmlose Reise an die Nordsee. Sie ließ sich in seinen Blick verwickeln, warum hast du dich nie mehr gemeldet, sagte er heiser, in seiner Hemdtasche zeichnete sich ein rechteckiges Päckchen scharf ab, ein Raucher, das gefiel ihr, niemand raucht mehr heutzutage, sie auch nicht, dabei mag sie den Geruch, und sie öffnete den Mund halb, es gab plötzlich viele Möglichkeiten, sie würde es ihm erklären, es ließ sich sicherlich erklären, da lachte er schon laut und bitter auf und wendete sich ab. Du willst dabei bleiben, spottete er, wir haben uns nie gesehen, gut, bitte sehr, dann soll es so sein, ich habe dich auch schon vergessen, ja kennen wir uns denn überhaupt, und er erhob sich rasch, obwohl er etwas bestellt hatte, im Davongehen sagte er noch leise, das Spiel kann ich auch spielen, siehst du, schöne Unbekannte, und sie hatte noch immer nichts gesagt. Noch war ihr schwindelig von der überraschenden Steilkurve hinein in ein anderes, frisches Leben, sie hätte nur sprechen müssen, alles wäre eine Lüge gewesen, aber nun traute sie sich gar nicht mehr, wer weiß, was sie vergessen, welche Seiten sie überschlagen hatte.

Seitdem ist sie wachsam, wenn jemand sie erkennt, den sie nie zuvor gesehen hat, sie versucht es für möglich zu halten, dass sie sich gegrüßt, unterhalten, miteinander betrunken, nachts abgetastet haben, sie spielt es im Kopf durch und ist deswegen sekunden- oder gar minutenlang scheinbar geistesabwesend, und das genügt meistens schon, um den fremden Freund zu verlieren, er mustert sie, wartet auf ein Signal des Erkennens, das plötzliche Aufreißen der Augen, den Anflug eines Stirnrunzelns, und wendet schließlich verlegen den Blick ab, während sie in Gedanken die Seiten umblättert und vergeblich nach Seitenzahlen sucht.

D

Deckelchen Sie steigt ins Taxi, nach vorne auf den Beifahrersitz wie immer, und wie immer überfällt sie, nachdem sie ihr Fahrziel genannt hat und das Taxi anfährt, eine Beklommenheit, die nichts mit der Fahrweise oder ihren Plänen für den Abend zu tun hat, sondern mit dem Schweigen, in dem sie sitzen. Der Taxifahrer gehört, das hat sie sofort feststellen müssen, zu den Schweigsamen, er hat sie schon beim Einsteigen kaum angeschaut und starrt nun auf die Fahrbahn, als müsse er sich konzentrieren, dabei ist die Straße um diese Uhrzeit völlig leer. Sie fürchtet das Schweigen, solange sie denken kann. Sie hat es in verschiedene Arten gruppiert.

Das Autoschweigen ist eines der schlimmsten, weil unentrinnbar. Als sie klein war, wurde sie einmal von einem Kollegen ihres Vaters abgeholt und zu einem Waldspielplatz gefahren, wo sie mit der Tochter des Kollegen den Nachmittag verbringen sollte. Die Autofahrt war eine Schweigeübung, die sie unerträglich fand. Sie schaute ständig zu dem Kollegen am Steuer, einem erschöpften Geschäftsmann, genauso alt wie ihr Vater, der gelangweilt und zerstreut auf die Straße blickte und vermutlich vergessen hatte, dass außer ihm noch jemand im Wagen saß, denn er gähnte ab und zu ausgiebig und geräuschvoll und rülpste auch einmal. Es lag bei ihr, ihre Anwesenheit zu Gehör zu bringen, sie musste etwas sagen, wenn ihr ein Wort einfiele oder sogar ein Satz, dann wäre sie vorhanden, er würde aufhören, so ungehörig zu gähnen, er würde sich nicht mehr langweilen müssen, dafür war sie zuständig, sie musste ihn und sich erlösen, so war es. Es wäre ein Wunder gewesen, wenn ihr, nachdem ihr dies alles klar geworden war, noch etwas eingefallen wäre, und so fuhren sie schweigend zu dem Spielplatz, durch grünes Licht, und erst als seine Tochter auf sie zusprang und die Wagentür aufriss und etwas rief, hallo, da seid ihr ja endlich, irgendetwas rief, da fiel auch ihr wieder etwas ein, hallo, rief sie lauter als nötig, ja da sind wir, und sie war wieder da.

Leichter zu ertragen ist das Warteschweigen bei Ärzten, in Schlangen an der Kasse oder am Fahrkartenschalter oder an der Rezeption des Fitnessstudios; außerdem gibt es durch die Anzahl der Mitwartenden größere Chancen auf Intervention. Das Autoschweigen dagegen: nur zwei Beteiligte, auf beiden lastet das Schweigen, und je länger es dauert, desto unmöglicher wird es, das erste Wort zu finden. Das Liebesschweigen ist höher angesehen, für sie aber eine Zumutung. Es ist ihr schleierhaft, wie zwei Menschen, nachdem sie sich hingebungsvoll ineinander entleert haben, danach nebeneinander liegen, als hätten sie sich nie gesehen, vielleicht der eine oder andere gesättigte Grunzer, ein bisschen Händchenhalten, die Füße berühren sich, das reicht doch nicht, ihr jedenfalls nicht. Sie braucht die Gegenwart der Stimmen, die Zärtlichkeit der Worte, das sprechende Tasten, sie spricht sich durch den Liebesakt, murmelnd, plaudernd, sinnierend, manche stört das, sie braucht es. Sprich mit mir, flüstert sie ihren Liebhabern zu, und wenn sie anfangen, gierig zu nuscheln, unterbricht sie, nein, nicht so, erzähl mir etwas, was denkst du, und einige Male schon ist es passiert, dass sich die Männer dann aufgesetzt und beschwert haben, hör mal, so kann ich nicht, ich will das genießen, wir sind doch nicht im Seminar. Darum geht es nicht, hat sie versucht zu erklären, aber da war es eigentlich schon zu spät. Ihrem besten Liebhaber musste sie nichts erklären, er streichelte sie und redete von Sand und Dünen, manchmal auch von Autofahrten oder Speisen, es war gleichgültig, er sollte nur nicht aufhören, er sollte alles gleichzeitig tun, sprechen, berühren, vergessen. Er ist jetzt in Australien, sie wird ihn kaum wiedersehen und hat noch keinen Ersatz gefunden. Manchmal sucht sie im Internet nach anderen Schweigefeinden, die sie lieben könnte, vergeblich. Sie findet nur Sätze wie: Ich suche jemanden, mit dem ich schweigen kann, eine Vorstellung, vor der ihr graut. Ich suche jemanden, mit dem ich immer sprechen kann, schreibt sie in ihr Porträt in der Kontaktbörse, aber niemand, wirklich niemand, antwortet, was rein statistisch gesehen höchst unwahrscheinlich ist, jeder Topf findet doch ein Deckelchen, zumindest im Internet.

Es gibt auch das Arbeitsschweigen, häufiger anzutreffen, weil die meisten Menschen glauben, sie könnten nur schweigend arbeiten, besonders handgreiflich zu erleben in Bibliotheken, Büros und Erste-Klasse-Waggons der Bahn. Mit dem Arbeitsschweigen kann sie zurechtkommen, es ist erträglich, weil sie keinen Druck verspürt, es aufzuheben.

Besonders fürchtet sie neben dem Autoschweigen auch das Essensschweigen, Menschen um einen Tisch versammelt, die Speisen dampfen in den Schüsseln, ein andächtiges oder gieriges Schweigen senkt sich auf die Esser, alle fangen an zu kauen und zu schlucken, man hört die Essgeräusche wie auf einer Weide, und sie sieht es als ihre Pflicht, den Essenden diese Pein zu ersparen und zu reden. Deswegen ist sie nach romantischen Abenden im Restaurant, Familientreffen oder Geschäftsessen immer ermattet und hat heftiges Kopfweh. Abgesehen vom Essen sind Familientreffen ansonsten angenehm, weil alle durcheinanderreden, eine durchdringende Geschwätzigkeit trägt sie durch die Stunden, fast erholsam, sie sollte sich selbst bald eine Familie zulegen, dann wäre ihr geholfen. Kinder reden immer.

Sie mustert den Taxifahrer von der Seite. Er scheint der deutschen Sprache mächtig, jedenfalls sieht er nicht ausländisch aus, er könnte also sprechen, aber er kriegt den Mund nicht auf, er wartet auf ihr Signal, auf das erste Wort, eine kleine Bemerkung, etwas Flapsiges, Heiteres, Schlagfertiges, sie sucht danach, und schon wird ihr heiß, sie muss bald etwas finden, er erwartet das, viel ist das ja nicht. Warum schafft sie nicht, was jeder kann, jeder kann sprechen, ihr Puls, sie muss irgendetwas sagen, ganz egal, was, da streckt der Taxifahrer die Hand aus und stellt das Radio an.

Sie lehnt sich zurück, sie fühlt sich betrogen. Lange hätte sie ja nicht mehr gebraucht: Es lag ihr schon auf den Lippen.

Doppelglas Seit gestern hat er keine Arbeit mehr, eine Tatsache, die ihn nicht weiter beunruhigt. In diesen Zeiten geht es vielen so, verhungern wird er nicht. Er hat seine Arbeit nicht geliebt. Er war Drucker in einem kleinen Betrieb, der gerade in die Insolvenz gegangen ist, sie haben zu spät auf die neuen Medien umgestellt, es gab einige Fortbildungen, aber nun ist Schluss, er hat seine Stechkarte abgegeben und den Spind ausgeräumt, alle haben sich die Hände geschüttelt.

Zum Glück hat er keine Kinder, nur ab und zu

eine Geliebte, er ist also für niemanden verantwortlich.

Er sitzt am Frühstückstisch und überlegt, wie dieser Tag wohl aussehen könnte. Er wird die Wohnung in Ordnung bringen, im Stadtpark die Zeitung lesen, vielleicht ein paar Blumenkästen kaufen, er hat ja nun Zeit, sich alles ein bisschen schön zu machen. Er weiß noch nicht, wie er die tägliche Nahrungsaufnahme regeln soll, in der Mittagspause sind sie immer zusammen zum Imbiss gegenüber gegangen, und er ist ein schlechter Koch. Weil ihm nicht viel Geld bleibt, wird er nicht jeden Tag essen gehen können.

Er schaut auf die Tischdecke, die mal gewechselt werden müsste, das hätte ihm längst auffallen müssen. Auf einmal, während er noch an einem Wachsfleck herumkratzt, von dem er nicht weiß, wie er auf die Tischdecke geraten ist, denn er zündet nie Kerzen an, noch nicht einmal in der Adventszeit, hört er den Ton, der sich zum letzten Mal vor drei oder vier Monaten gemeldet hat. Es ist ein hohes Sirren von elektronischer Gleichförmigkeit im linken Ohr, und gleich legt er eine Hand darüber, um es abzumildern, aber es kommt von innen und reagiert nicht darauf, erst recht nicht, als er sich beide Ohren zuhält. Er schließt die Augen und versucht, an etwas anderes zu denken, aber es ist nicht möglich, die Gedanken von dem dringenden Pfeifen abzubringen, wobei ja ein Pfeifen noch erträglich wäre, denn es hätte einen Bogen, vielleicht eine Melodie und verschiedene Lautstärken, aber dieses Signal, das ihn vom Stuhl verjagt und zu rastlosen Gängen durch die Wohnung treibt, bohrt sich mit immer gleicher Dringlichkeit in ihn hinein, als hätte man ihn auf eine Fehlfrequenz programmiert.

Er räumt das Frühstück ab, stellt das Radio an, spült den Teller und die Tasse, und während das Wasser ihm über die Finger läuft, kann er den Ton nicht mehr hören und will schon triumphieren, er hält inne, stellt das Radio aus und flucht leise. Beim letzten Mal kam der Ton am Abend und ließ sich wegschlafen, am nächsten Morgen hob er, obwohl er sich sonst vor wenig fürchtet, voller Furcht den Kopf und stöhnte vor Erleichterung, als es still war.

Diesmal, hofft er, wird es ähnlich sein, er darf nur nicht zu viel grübeln, er muss an seinen Plänen festhalten. Wenn er zur Arbeit gehen könnte, verstriche der Tag schneller und lauter, er könnte nicht ständig lauschen, und es hat sich in seinem Leben sowieso als hilfreich erwiesen, Dinge zu tun, ohne viel Aufhebens darum zu machen. Bei der Trennung von seiner letzten Geliebten hat er ihre Sachen in einem Karton vor die Tür gestellt und ist dann allein in Urlaub gefahren, sodass es keine Tränen und keine Diskussionen gab, und als er wieder zurückkam, war die Geschichte schon wieder drei Wochen alt und wurde längst nicht mehr so heiß gegessen, wie sie gekocht wurde. Gern würde er drei Wochen in Urlaub fahren und den Ton in der Wohnung zurücklassen, ans Meer, wo das Rauschen der Brandung alles übertönt, aber das Konto ist leer, und er kann nicht einfach wegfahren, weil er Arbeit suchend ist. Arbeitsuchende können nicht am Meer Arbeit suchen, sondern in ihrem Wohnort, mit ihrer Arbeitsberaterin, und Arbeitsuchende wohnen, solange sie können, in ihrer Wohnung, in dieser Wohnung, die so leise ist, obwohl sie an einer großen Kreuzung liegt, aber die Fenster sind aus teurem Doppelglas, und man hört rein gar nichts, nur den dringlichen, klar vernehmlichen Ton im Kopf, und er atmet zitternd ein und aus und versucht, sich zu beruhigen. Der Ton wird verschwinden, spätestens morgen, er darf nur nicht darüber nachdenken, er wird jetzt staubsaugen und dann im Bauhaus die Blumenkästen kaufen und dazu Erde und schöne rote Geranien, so wie die Nachbarn, deren Balkon lustig und sommerlich aussieht, mit Geranien, Windrädchen und sogar einer Möwe aus Plastik, die sehr lebendig wirkt, ihre blanken schwarzen Augen erkennt er sogar von seinem Wohnzimmerfenster aus. Vielleicht wird er sich auch so eine Möwe zulegen, allzu teuer wird sie nicht sein, und schon geht es ihm besser. Er summt vor sich hin, um nicht lauschen zu müssen, zieht sich Jacke und Schuhe an und geht, immer noch summend, nach draußen, wo ihn der Verkehr mit seinem verlässlichen, wohltuenden Brausen empfängt, und er fühlt sich auf einmal wie ein Tourist, der am Saum der Wellen entlangschlendert, das Meerestosen eine ewige Musik, für die er viel bezahlt hat.

Druck der fremden Finger Wenn jemand sie fragt, was sie macht, denkt sie sich jedes Mal etwas anderes aus. Das bedeutet, dass sie nach Möglichkeit nirgendwo zweimal auftaucht. Sie wechselt ständig den Friseur, die Kosmetikerin, den Zahnarzt, sogar die Lebensmittelläden und den Bäcker. Weil sie in einer großen Stadt lebt, ist es zwar beschwerlich, aber durchaus möglich, die täglichen Gänge in immer neuen Territorien durchzuführen. Der Sprung in die Intimität, ihre Einladung zu lügen, steht sowieso erst bei der zweiten oder dritten Begegnung an. Erster Termin: Beinrasur bis Knie, Achselhöhlen, Scham. Zweiter Termin: Augenbrauen, Standardgesichtsbehandlung. Dritter Termin: Hände, Gesichtsnachbehandlung, und was machen Sie beruflich.

Sie zögert kurz, um sich in der Fülle der Möglichkeiten für heute festzulegen: Therapeutin.

Ach, sagt die Kosmetikerin und fragt nicht nach. Sie hat vielleicht nicht die richtige Wahl getroffen, man muss die Geschichten immer auf die Zuhörer abstimmen, und die Kosmetikerin hat entweder kein Interesse an Therapie oder fühlt sich eingeschüchtert durch dieses anspruchsvolle Berufsbild, das so wenig mit ihrer täglichen Arbeit gemeinsam hat. Hier muss sie ansetzen.

Wissen Sie, sagt sie, das ist eigentlich ähnlich wie bei Ihnen: Ich versuche herauszufinden, was sich gut anfühlt und was weg muss, und das, was stört oder quält, behandeln wir dann. So wie diese Härchen, und sie fasst sich an die Augenbrauen, wo schon wieder über und unter der symmetrisch erwünschten Linie ein kleines Gestrüpp gesprossen ist.

Ach so, lacht die Kosmetikerin erleichtert, ich dachte, Sie haben mit Irren zu tun, Sie wissen schon, solche, die vom Dach springen und so.

Na ja, sagt sie, plötzlich ernst, das kann natürlich auch vorkommen. Die Kosmetikerin hält ehrfürchtig inne, wischt sich die Hände an einem weiß gestärkten Handtuch, das ihr sehr gefällt, die wenigsten Kosmetiker haben so sorgfältig gestärkte Handtücher, und es wird ihr leid tun, nicht mehr herkommen zu können.

Aber so was passiert nur ganz selten, sagt sie schnell, wissen Sie, was viel öfter vorkommt? Die Leute haben Angst und fühlen sich allein. Das ist es. Sie spürt, wie die Autorität der neuen Rolle sie auszufüllen beginnt, ihre Beobachtungen sind wahr, und ihre Darstellung ist professionell, heute stimmt alles, und der Beweis ist die Andacht der Kosmetikerin, die gleich einstimmt, jede Scheu hat sie verloren, ja, nickt sie, was meinen Sie, was ich hier tagaus, tagein zu hören bekomme, eigentlich bin ich ja, sie zögert, traut sich nicht recht, es auszusprechen, dann schaut sie ihr im Spiegel ins Gesicht, sieht ihr verschwörerisches Lächeln, ja, sag es ruhig, und sie sagt es, eigentlich bin ich ja auch eine Art, eine Art Therapeutin. Die Leute, die hier sitzen, was meinen Sie – lassen sich schön machen, verwöhnen, aber die sind doch alle allein, die haben doch alle Angst vor irgendwas.

Eben, sagt sie, Sie sagen es. Sie haben nun eine gemeinsame Gesprächsgrundlage, die Kosmetikerin und die Therapeutin, und die Kosmetikerin wird keine Fragen stellen, die sie nicht beantworten kann, sie wird nicht fragen nach Studienabschluss, Thema der Dissertation, Fachpublikationen, therapeutischem Ansatz. Sie reißt ihr das Fell von den Beinen, gekonnt und professionell, mit einem angewärmten Wachsstift, und erzählt von den Einsamkeiten, die auf ihrem Stuhl liegen, täglich, mehrmals täglich.

Wie bei mir, sagt sie, und auf einmal durchfährt sie die tiefe, vertraute Lust des neuen Anfangs: Vorher war sie nichts, nun ist sie Therapeutin, sie rettet Einsame, hilft den Ängstlichen, auch die Kosmetikerin ist eine Ängstliche, darüber muss man nicht sprechen, man muss nur die Augen aufmachen: wie sie manchmal innehält und in sich hineinhorcht, ob sie das Richtige gesagt hat, oder wie sie lacht, zu oft und zu hoch, als ob sie etwas verscheuchen müsste.

Da kann man schon was machen, bei Angst, oder,

fragt die Kosmetikerin und tut so, als ob die Antwort sie nur beiläufig interessiere, aber zugleich wartet sie gespannt, was die Therapeutin sagt, und sie lässt sich Zeit: Jede dieser Antworten vertieft ihre Rolle, das muss sie genießen, sie genießt jede Minute dieser Behandlung, in der sie selbst zur Behandelnden wird, eine schöne Rolle, die sie sicher nicht zum letzten Mal gewählt hat. Noch während sie den Druck der fremden Finger auf der Stirn spürt, bedauert sie es, nicht zurückkehren zu können, man könnte sich einrichten, vielleicht ließe sich der Kosmetikerin helfen, nur einige Sitzungen, natürlich, sagt sie langsam, man kann an allem arbeiten, auch an der Angst.

F

Federschmuck Sie hat einen kleinen Indianer kennengelernt und fürchtet, er könne vertrocknen. Er sieht so durstig und schmal aus, sicher braucht er Flüssigkeit nach der langen Reise. Seine Zunge muss ausgedörrt sein, oder ihm fallen nicht die richtigen Worte ein, jedenfalls schaut er vor sich hin, auf eine verlorene, tapfere Weise. Sie beugt sich vor und legt eine Hand auf seinen Arm, den er aber gleich zurückzieht, als hätte sie glühende Finger. Wohin willst du, fragt sie, aber er zuckt nur mit den Schultern und sieht sich suchend um, als müsse er sofort entscheiden, in welche Richtung er seinen Aluminiumkoffer davonzöge.

Der Koffer hat zuerst verhindert, dass sie den Indianer erkannte; sie stand am Bahnsteig, um jemanden abzuholen, der gar nicht kam, und als die Leute vom Bahnsteig wegeilten und sie sich heftig abwendete, wütend über den vertanen Abend und die vergebliche Fahrt, stieß sie gegen den Koffer. Entschuldigung, murmelte sie und streifte den Indianer mit dem Blick, den sie für die Besitzer von Rollkoffern übrighatte, selbstsicher, denn sie besaß auch einen, und etwas verächtlich. Aber dieser Besitzer überraschte sie, und sie blieb so plötzlich stehen, dass hinter ihr eine Mutter mit Kinderwagen laut fluchte. Er trug einen langen, warmen Mantel und einen Wollschal um den Hals, nichts verriet, dass er ein Indianer war, und doch wusste sie es sofort. Federschmuck, Pfeil und Bogen hatte er natürlich nicht dabei, es wäre ja auch lächerlich hier in der Bahnhofshalle, aber sie erkannte ihn trotzdem und lud ihn auf einen Tee ins Café unter den Arkaden ein, gleich neben dem Reisezentrum.

Anders als sonst mit Männern war sie nicht verlegen, sie bot ihm Hilfe mit dem Koffer an, die er natürlich nicht annahm, dann gingen sie schweigend nebeneinander zum Café. Sie fand nicht, dass sie etwas sagen müsste, es ist ja das Gute an Indianern, dass sie die Stille lieben und brauchen, so wie auch sie sich unter den Durchsagen der Lautsprecher unwillkürlich duckt. Wie der Indianer sehnt sie sich nach Bergen und Adlern, die über den Gipfeln kreisen, und nach hohem Gras, das niemand schneidet, und sie fragt sich schon, warum der Indianer das alles aufgegeben hat, um hier im Bahnhof mit einer Fremden durch das Gewühl zu drängen, aber sie wird ihn nicht belagern. Wenn er es erzählen möchte, wird er schon den richtigen Zeitpunkt finden.

Sie setzen sich an einen Zweiertisch hinten an der

Wand, den Rollkoffer stellt er zwischen sie wie einen Zaun, sicher weil er sich schützen möchte. Sie rückt etwas von ihm ab, obwohl es ihr schwerfällt, lieber würde sie so nah bei ihm sitzen, dass sich ihre Arme berühren, seine Augen sehen auch umso schöner aus, je genauer sie hineinschaut, sie tragen die Weite in sich, an der es hier eben fehlt, sie versteht es ja, alles ist zu eng und überheizt.

Ist dir nicht zu warm, fragt sie und zupft an seinem Mantel, aber wieder weicht er ihrer Hand aus, sicher befürchtet er, dass sie ihn fangen und zähmen will, er hat noch nicht begriffen, dass sie keine Feindin ist, sondern mit ihm verwandt. Oder er beherrscht ihre Sprache nicht, noch hat er kein Wort gesagt, und sie wiederholt auf Englisch, it's so warm here. Er schaut nur vor sich hin, kein Nicken, kein Blick, und murmelt etwas, das sie nicht versteht. Da zieht sie ihm einfach den Mantel von den Schultern, und diesmal wehrt er sich nicht, er macht sich noch schmaler und schließt die Augen, als täte es weh, aber es wird ihm besser gehen, wenn die Hitze nachlässt. Trinken muss er als Nächstes, sie wird ihm etwas einflößen, nur ein paar Schlucke, dann wird er vielleicht seine Scheu verlieren und sich aufrecht hinsetzen. Im Moment lehnt er schräg auf dem Stuhl, den Mantel halb von den Schultern gezogen, die Augen geschlossen, ein jämmerlicher Anblick, und sie spürt eine Wut auf alle, die ihn verjagt und vertrieben haben.

Bei mir kannst du bleiben, sagt sie plötzlich verschwörerisch, es muss niemand hören außer ihnen beiden, alles spricht sich ja schnell herum, und so rasch verraten sich auch die schönsten Geheimnisse, und dieses geht niemanden etwas an. Sie wird ihm Obdach geben, er kann seinen Rollkoffer in ihren Flur stellen, er muss ihn ja noch nicht einmal auspacken, er kann sich einfach in seinen Kleidern auf das Sofa legen, oder auf den Boden, was ihm eben lieber ist, sie vermutet der Boden, denn ein Indianer auf dem Sofa, das ist lächerlich, und sie kichert leise in sich hinein.

Als die Kellnerin kommt und einen misstrauischen Blick auf den schiefen Indianer wirft, bestellt sie schnell zwei große Gläser Wasser, damit er trinken und sich stärken kann und niemand ihn anstarrt, als sei er eine Belästigung. Sie weiß, dass Indianer solche Blicke gewohnt sind und oft ertragen müssen, aber solange er ihr Gast ist, wird sie ihn gegen solche Anfeindungen verteidigen, denn sie kann kämpferisch und tapfer sein, auch wenn sie nicht danach aussieht. Wenn der Indianer endlich die Augen öffnet, wird er sehen, wie wohlwollend und zugleich großzügig sie ihn anschaut, und dann kann sie ihm gleich etwas Wasser einflößen und ihn zu sich nach Hause einladen, und diese Einladung wird er gewiss nicht ausschlagen, weil Gastfreundschaft ihm heilig ist. Natürlich wird sie ihm keine Friedenspfeife anbieten, eine Friedenspfeife auf dem

Teppich in einer Zweizimmerwohnung ist lächerlich, und schließlich will sie keinen Faschingsindianer mit Tomahawk und Adlerfeder, so albern ist sie nicht, sie weiß viel über sein Volk, auch dass es sich den neuen Zeiten geöffnet hat. Alkohol vertragen Indianer aber trotzdem nicht, weil ihre Gene sich noch nicht auf die neue Zeit eingestellt haben, sie kaufen Kühlschränke, Fernseher und Computer, aber ihre Gene rufen nach etwas anderem, schwer zu sagen, was sie brauchen, die Indianer und ihre Gene. Auf jeden Fall, bei diesem Indianer ist es sehr schwer zu sagen, und als sie ihn anschaut, wie er ermattet mit geschlossenen Augen in seinem Stuhl hängt und auf einmal sogar laut aufschnarcht, kommt ihr der Gedanke, dass ihm vielleicht jemand Alkohol eingetrichtert hat, um ihn zu vernichten. Nichts ahnend und fremdartig wie er ist, hat er sicher nichts gemerkt und das Glas hinuntergekippt, als wäre es Wasser. Sie beugt sich vor, bis ihre Nase fast sein Gesicht berührt, er merkt es ja nicht, weil er tatsächlich tief und fest schläft, eingezwängt zwischen seinem Rollkoffer und einer fremden Frau, die nun an seinen Lippen schnuppert, nicht weil sie ihn belagern will, sondern weil sein Leben und ihre nächsten Maßnahmen davon abhängen, ob er vergiftet ist oder einfach nur müde.

Aber in der schweren Luft des Bahnhofscafés kann sie nichts riechen, der Geruch des Indianers verliert sich zwischen Kaffeeschwaden, manche essen auch überbackenes Gemüse oder Spiegelei auf Toast, es riecht nach allem Möglichen, wie soll sie so herausfinden, was mit dem Indianer los ist. Er bewegt sich etwas, und sein Kopf sackt nach vorne, beinahe wäre er mit dem Kinn an ihre Nase gestoßen, und sie zuckt zurück und schaut sich um, ob jemand sie beobachtet, vielleicht jemand, dem ein schlafender Indianer im Café nicht gefällt oder der überprüfen will, ob das Gift im Körper des ahnungslosen Indianers schon seine Wirkung tut, oder auch jemand, der dagegen vorgehen will, dass der Indianer nun unter ihrem Schutz steht. An der Theke sitzt ein Mann, der immer wieder den Kopf nach ihnen dreht, seine Hände umklammern ein Bierglas, als wollte es ihm jemand wegnehmen, und warum kann er den Blick nicht von ihnen wenden. Sie beobachtet ihn eine Weile und wird sich immer sicherer, dass dieser Mann dem Indianer Alkohol eingeträufelt hat und ihn mitnehmen will. Mit ihr hat er nicht gerechnet, also wartet er einfach, bis sie verschwindet. Aber sie hat Zeit. Den ganzen Abend, den sie eigentlich anders geplant hatte, wird sie sich Zeit nehmen, und wenn nötig noch viel länger. Sie lässt sich von niemandem Angst machen. Sie wird hier sitzen bleiben, mutig und maßlos geduldig, den schlafenden Indianer und seinen Verfolger immer im Blick; ab und zu wird sie einen Schluck Wasser trinken, um nicht auszutrocknen; und wenn der Verfolger sein Bier ausgetrunken hat und endlich aufgibt, hat sie den Indianer endlich für sich allein. Dann gehen sie zu ihr, der Indianer und sie, und den Rollkoffer lassen sie am besten im Café. Sie wird ihn entgiften und vielleicht sogar küssen, damit seine Lippen nicht mehr so trocken vor sich hin knittern.

Fort Er hat gute Gründe, sich vor dem Autofahren zu fürchten: weil die Statistik der Verkehrstoten pro Jahr höher ist als die der Bürgerkriegsopfer in Afghanistan und Irak zusammen; weil der Autoverkehr auf der unbegründeten Annahme beruht, die Menschen könnten sich in jeder Sekunde kontrollieren, dabei muss man ja nur über die Straße gehen, um zu sehen, dass ständig jemand ausrastet; weil technische Defekte nicht vorhersehbar sind und jederzeit eintreten können; weil das Tempo auf deutschen Autobahnen irrsinnig ist und Menschen, die sich mit einer Geschwindigkeit von 160 Stundenkilometern bewegen, sich nicht korrekt einschätzen können; weil verdammt noch mal ein kleiner Herzinfarkt ausreicht oder ein wild gewordener Teenager, der Pflastersteine von einer Brücke schleudert, oder ein einziger besoffener Lkw-Fahrer, oder eine Frau, deren Wehen plötzlich einsetzen, ach, selbst ein Gähnen könnte genügen, ein Sandkorn im Auge, eine Ölschliere, ein geplatzter Reifen, eine kaputte Bremse, ein Hagelschauer, ein Steinchen in der Windschutzscheibe, und all das hat er nicht erfunden, um irgendjemandem Angst zu machen, das sind Tatsachen.

Auch ist es eine erstaunliche Tatsache, dass die meisten Menschen sich diese Gedanken nicht erlauben. Sie setzen sich unbeirrt jeden Morgen ans Steuer, als sei es ein Kinderspiel, ein Sommerspaziergang, ein Kuchenessen, obwohl sie doch niemals auf einem Brett über einem Abgrund balancieren würden, ein Kunststück, das in seiner Gefährlichkeit ungefähr mit dem Autofahren zu vergleichen ist.

Eine weitere Tatsache ist es, dass ihm die Gründe gleichgültig sind. Er denkt nicht darüber nach, warum das Autofahren lebensgefährlich ist. Er weiß es, sein Körper weiß es, seine Fußsohlen wissen es, schon wenn er sie in die Nähe eines Autos lenkt, sie werden feucht und verlieren den Griff im Schuh, so wie sich hinten im Nacken ein Schweißfilm und unter den Rippen eine Kurzatmigkeit bilden, es ist die Angst zu sterben, und ob es dafür Gründe gibt oder nicht, spielt keine Rolle, er will nicht sterben, jetzt nicht und sowieso nie, und wenn, dann nicht in einem brennenden Wrack auf dem Randstreifen, obwohl ihm sein Leben nicht sonderlich kostbar vorkommt, aber verlieren will er es nicht, so nicht.

Er fährt also mit dem Zug oder mit dem Fahrrad, beides harmlose Fortbewegungsarten, die niemanden gefährden, man kommt ungeschoren davon, in den allermeisten Fällen jedenfalls, die Ausnahmen interessieren ihn nicht, solange seine Fußsohlen trocken und der Atem gleichmäßig bleiben.

Als die jährliche Einladung zur Messe kommt, schaut er gleich in den Fahrplänen nach einer passenden Verbindung, er wird eine bequeme ICE-Verbindung wählen, im Bordbistro einen Kaffee trinken, der ist ganz ordentlich inzwischen, auch dies etwas, das im Auto ganz unmöglich wäre, obwohl man immer wieder Fahrer sieht, die mit nur einer Hand am Lenkrad über die Schnellstraße schießen, in der anderen einen riesigen Pappbecher, den Blick nur gelegentlich nach vorne gerichtet, eine Gefahr für sich und alle anderen. Das erspart er sich, er nimmt sich eine Zeitung mit und schaut durch die gewölbten Scheiben auf die irrsinnigen Verkehrsflüsse, in denen täglich Menschen versinken, verbrennen, verbluten, als sei es nichts.

Aber drei Tage vor der Reise, das Ticket hat er entgegen seiner Gewohnheit noch nicht gebucht, ruft jemand an, eine Kollegin aus dem Vertrieb, sie hat eine Mitfahrgelegenheit anzubieten. Sie kennen sich flüchtig, die Kollegin ist jung, jünger als er, flott und pfiffig, sie macht sich gut, sagen die Kollegen mit einem Augenzwinkern, viele würden sich um eine Mitfahrgelegenheit oder eine beliebige andere Gelegenheit mit dieser Kollegin reißen, und auch er hätte nichts gegen einen Kaffee im ICE mit dieser ansehnlichen jungen Frau, die sich gern in frischen Gelbtönen kleidet und überhaupt auf sich achtet, das Haar immer frisch gewaschen, sodass es auf dem Kragen wippt und schwingt, er mag das, dafür hat er einen Blick, ob jemand auf sich achtet, und wie schön wäre es, mit einer frischen jungen Frau aus dem Fenster des ICE zu schauen, man könnte die Landschaften und die irrsinnigen Verkehrsströme auf den Autobahnen an sich vorüberziehen lassen. Nur möchte die junge Kollegin ihn gern im Auto mitnehmen, ihn oder eben ihn nicht, wenn er nicht schnell zusagt, sie wird dann jemand anderen fragen, auch gar kein Problem. Er sitzt einen Abend lang vor dem Computer und schaut sich im Internet die Route an, die sie fahren müssten, zwei verschiedene Autobahnen, die eine berüchtigt für Staus und starkes Verkehrsaufkommen, die andere gespickt mit Baustellen. Man könnte auch über Land fahren, aber Landstraßen sind nicht sicherer, Traktoren, Heuwagen, Motorradfahrer und Wochenendraser sind auf ihnen unterwegs, um sich auszutoben, man wird ihn auf keine Landstraße kriegen, und Autobahnen sind heller Wahnsinn. Schon will er der Kollegin eine freundliche Absage mailen, da kommt ihm die Idee, sie in den Zug zu locken, ihr die Vorzüge der öffentlichen Transportmittel zu beschreiben, sie vielleicht sogar zu einem Essen im Bordrestaurant einzuladen, es gibt ja dort inzwischen regelrechte Menüs, von namhaften Köchen zusammengestellt, davon wird er ihr vorschwärmen, auch wenn das gar nicht seine Art ist, aber man kann ja auch mal aus sich herausgehen.

Er tut sein Bestes. Er ruft sie an, sie plaudern, sie lachen über die vertane Lebenszeit in Staus, und gerade, als er ihr eine vergnügliche Bahnfahrt durch deutsche Mittelgebirge vorschlagen will, sagt sie scherzhaft, heißt das, Sie wollen nicht mit mir fahren.

Sofort erhitzen und befeuchten sich seine Fußsohlen, aber doch, ruft er, natürlich schon, es muss ja auch keinen Stau geben, oder wir fahren über Land, was meinen Sie.

Schon ist alles abgesprochen, sie kommt morgen früh vorbei, zeitig, damit sie sich nicht hetzen müssen, denn es gibt ja nichts Schlimmeres als die Hetzerei auf den deutschen Autobahnen, um sieben also, und vielleicht kommt sie noch rasch hoch auf einen Espresso.

Er legt auf und schaut auf seine Hände, mit denen er auf den Telefonblock sieben Uhr notiert hat, als könnte er es vergessen. Gut, murmelt er halblaut, sieben Uhr also, und er steht auf, um seine Sachen zu richten, Messekleidung, Rasierapparat, Laptop, im Auto wird er nicht arbeiten können wie sonst im Zug, er wird sich mit der Kollegin unterhalten, er wird nicht schweigend auf die Straße starren, vor allem wird er nicht auf die andere Spur schauen, auf der Lastwagen mit übermüdeten Fahrern an ihnen vorbeischwanken, nur ein oder zwei Meter zwischen ihnen, manchmal auch weniger, wenn die Fahrer einnicken und die Lastwagen über die Linie schlenkern, dann handelt es sich nur noch um einen Armbreit, eine Handbreit, oder die Auffahrten, vor ihnen und hinter ihnen fädeln sich Autos ein, alles in einer pulsierenden Geschwindigkeit, die nur funktioniert, weil keiner einen Fehler macht, bisher nicht gemacht hat, und da bremst einer vor ihnen, einfach so rutscht er ihnen direkt vor die Stoßstange, und von rechts ein Tankwagen, links preschen Raser mit aufgeblendeten Scheinwerfern vorbei, und wenn es nun auch noch anfängt zu regnen, da stellt sie das Radio an und lächelt zu ihm herüber, mal sehen, ob es Verkehrsmeldungen gibt, sagt sie fröhlich, eine Hand am Knopf, den Blick nicht nach vorne gerichtet, ihn schaut sie an, und weil sie gleich zermalmt werden und er es schon weiß und sich schon zusammenduckt, muss er sie anrufen, auch wenn es spät ist, muss die Mitfahrgelegenheit absagen, er will nicht mitfahren, mit niemandem.

Freigang Seit sie sich das weiße Kaninchen gekauft hat, bangt sie um seine Gesundheit. Zwar gibt es keinerlei Anzeichen für eine Erkrankung; das Kaninchen ist jung und wendig, hat eine fröhlich zuckende Nase und frisst, was sie ihm gibt, mit blanken, weit aufgerissenen Augen. Es hat sich schon an ihre Gegenwart gewöhnt, kommt herbeigerannt, wenn sie den Raum betritt, noch ein wenig zögerlich, aber das wird sich geben. Nur seine Ohreninnenseiten und die

Unterseiten seiner Pfoten sind hellgrau, ansonsten ist es ein kleines, schnell atmendes weißes Bündel, das sie am liebsten fest in ihre Arme schließen und an ihren Hals legen würde, aber es mag keine festen Umarmungen; es gewöhnt sich gerade daran, auf ihrem Schoß zu hocken und Salatblätter aus ihrer Hand zu fressen. Warum es krank werden könnte, weiß sie nicht, aber Krankheit braucht keinen Grund, sie bricht in einem Körper auf und zerstört ihn, sie sucht vor allem kleine Körper, die sie schneller ausfüllen kann.

Ihr Mann ist gegen das Kaninchen, er verabscheut Haustiere, er fürchtet, auf den kleinen weißen Körper zu treten, der ihm zwischen den Füßen durchschießt, wenn er die Tür zu dem Zimmer öffnet, das eigentlich ihr Arbeitszimmer war. Zumindest ist es bei der Steuer so angemeldet, man kann keine Kaninchenzimmer absetzen, es bleibt also ein Arbeitszimmer, und auch Kaninchen leben nicht ewig. Schnell hat dieses besonders gelehrige weiße Kaninchen gelernt, eine mit Streu gefüllte Kiste zu benutzen, die sie jeden Morgen reinigt; abends ist sie voll mit ovalen Kaninchenpillen, die sie nicht ekeln.

Kaninchen sind für Kinder, sagt ihr Mann. Aber sie hat für alle Einwände eine Antwort, wenn ich doch als Kind nie Tiere haben durfte, entgegnet sie, dann wenigstens jetzt, wann, wenn nicht jetzt, es stört dich doch nicht.

Doch, sagt ihr Mann, es stört mich, aber wenn sie

ihn fragt, was genau an diesem kleinen stillen Wesen ihn denn störe, kann er es nicht sagen, also gilt es nicht. Sie spielt morgens, nach dem Frühstück, damit er sich nicht beschwert, und bevor sie beide zur Arbeit gehen, eine halbe Stunde mit dem Kaninchen, mittags kommt sie kurz zu Hause vorbei, um es zu füttern und handzahm zu machen, und abends jagt es durch das Zimmer, als wollte es mit ihr toben. Sie setzt sich zu ihm, lehnt sich mit dem Rücken ans Regal und streckt die Beine aus. Ein unruhiger Reigen, eine fiebrige Hatz, die raschen Schläge, die es mit den Hinterläufen auf den Teppichboden knallt, um sich dann in die Luft zu schleudern und unter den Schreibtisch zu rasen, all die eiligen flüchtigen Bewegungen, dann wieder das Erstarren, der ganze Körper verharrt ein paar Sekunden, nur die Nase und die Flanken pulsieren, oder es lässt sich auf die Seite fallen und streckt die Füße von sich, nur um gleich wieder hochzuzucken. Sie wird immer ruhiger, sie ist für dieses Geschöpf vielleicht nicht mehr als ein Ding, eine große Gegenwart, die es nicht versteht, aber hinnimmt und vergisst.

Wenn sie das Kaninchen mit zur Arbeit nehmen könnte, vielleicht sogar im Büro laufen lassen könnte, wäre ihr das eine ungeheure Beruhigung. Sie kann wohl kaum fragen, niemand hat etwas Lebendiges bei sich, der einzige Beistand sind Fotos von den Lieben und Muscheln vom Urlaub. Sie überlegt hin und her, wie sie das Kaninchen trotzdem unter ihren Schreibtisch schmuggeln könnte, ihre Kollegin würde sie einweihen, sie wird es verstehen, auf ihrem Computer stehen kleine flauschige Schlüsselanhänger und eine Katze aus Plastik.

Als ihr Mann im Arbeitszimmer mürrisch das Fenster aufreißt und sich über Uringeruch beklagt, obwohl er den Duft nach Heu und Stroh, den das Kaninchen auch in die Wohnung bringt, noch niemals erwähnt hat, und poltert, man müsse solche Tiere sowieso draußen halten, dafür seien sie schließlich gedacht, beginnt sie, den ersten Freigang zu planen. Sie setzt das Kaninchen in verschiedene Taschen, bis sie die passende gefunden hat, eine Einkaufstasche aus künstlichem Korbgeflecht, das Kaninchen passt genau hinein und hat genug Luft zum Atmen, und wenn ihr danach ist, kann sie den Deckel anheben und das weiße Fell berühren.

An ihrem freien Vormittag geht sie mit dem Kaninchen am Arm vorsichtig die Treppen hinunter auf die Straße. Das Gefühl, etwas Kostbares zu tragen, von dem niemand etwa ahnt, beglückt sie; wie eine Hirtin schreitet sie langsam durch die Einkaufszone, spürt die Bewegungen des Kaninchens im Korb und weiss, dass sein Leben in ihrer Hand ist, und zugleich, dass sie in den Augen der Leute, die sie rechts und links überholen, eine Frau mit einer Einkaufstasche auf dem Weg zum Drogeriemarkt ist. Kurz bleibt sie vor der Drogerie stehen, als hätte sie dort wirklich etwas zu erledigen. Ihr Blick fällt auf einen Bettler, der an der verspiegelten Fassade lehnt, die Augen halb geschlossen, vor ihm eine Pappschale mit Münzen. Zwischen seinen Beinen hat sich ein schmaler, nackt aussehender Hund zusammengerollt. Er ist unscheinbar, ein magerer Wurm im Vergleich zu ihrem weißen Kaninchen; trotzdem versteht sie die Beruhigung, die er seinem Besitzer schenkt, auch wenn es sich sicher eigenartig anfühlt, ihn zu streicheln. Dann fährt ihr ein Schreck durch die Brust, weil Hunde Hasen jagen, und auch wenn dieser Hund das Kaninchen noch gar nicht entdeckt hat, könnte es doch sein, dass sein Instinkt plötzlich anschlägt, dass sich sein Körper spannt, dass er den schmalen Schädel in die Luft reckt, sofort Witterung aufnimmt und sich auf den Korb stürzt, den sie vielleicht nicht vor ihm schützen kann, sie presst den Deckel mit einer Hand fest zu und geht schnell weiter. Auf einmal sieht sie überall mögliche Gefahren für das Kaninchen in ihrer Obhut, überall Hunde, Autos, die rückwärts einparken, ein Presslufthammer, der mit brüllendem Lärm den Asphalt zerschmettert, Maschinen, große Fahrzeuge, Krach und Abgase, die Einkaufszone ist eine einzige Lebensbedrohung für das Kaninchen, und sie eilt immer schneller, um einen besseren, geschützteren Ort zu finden, den Stadtpark vielleicht, wo es Schatten unter den Bäumen gibt.

Sie läuft in großen Bögen um Hunde und Müllwagen, bremsende Straßenbahnen und Motorräder herum, vielleicht sollte sie gleich umkehren und sich im ruhigen Arbeitszimmer an die Bücherwand lehnen und das Kaninchen aus dem engen Korb nehmen, da fällt ihr auch ein, dass es kein Wasser in seinem Behältnis hat, wie lange halten es Kaninchen ohne Wasser denn überhaupt aus. Da ist sie aber schon im Park, strebt gleich auf die Gruppe von Kastanienbäumen hinter dem Ententeich zu, sinkt ins Gras und öffnet den Korb. Als das Kaninchen vorwitzig seine weiße Schnauze über den Rand streckt, weint sie fast vor Erleichterung. Es sieht in keiner Weise mitgenommen aus; neugierig streckt es sich aus dem Korb heraus, stemmt auch schon die Pfoten auf den Rand und setzt zum Sprung an, doch es darf nicht heraus, es würde ihr entfliehen, und sie drückt es zurück in den Korb. Aber wie ein Stehaufmännchen lugen schon wieder die Ohren heraus, es scharrt unruhig, und als sie einen Moment zum Teich hinüberschaut, wo ein Jugendlicher etwas ins Wasser schleudert, das sie nicht erkennen kann, springt es mit einem Satz über den Rand, landet auf ihrem Oberschenkel, überschlägt sich halb und ist mit zwei Haken hinter den Kastanien. Sie schreit auf. Sie weiß, wie wendig es ist, sie wird es nicht einfangen können, Hilfe, schreit sie, aber der Junge ist nicht mehr zu sehen, auch sonst niemand im Park, und zwischen den Kastanienstämmen huscht das Kaninchen. Durch die ganze Einkaufszone hat sie es heil getragen, hat es gegen alle Gefahren beschützt, und nun macht es sich aus dem Staub, als könnte es allein zurechtkommen. Es würde keinen Tag überleben, Hunde würden es reißen, Kinder es fangen und quälen, oder es würde auf die Straße geraten und zermahlen werden, sie weiß es, und das Kaninchen weiß es nicht, wenn es nicht zu ihr kommt, wird sie es ihm beibringen, und mit wachsender Wut springt sie zwischen den Kastanienbäumen hin und her, das Kaninchen dicht vor ihr, immer aufgeregter hetzt es in raffinierten Sätzen von ihr weg, macht unvorhergesehene Kehrtwendungen, als wollte es sie foppen und ihr seine Freiheit vorführen, gegen die sie ohnmächtig ist, und als sie stolpert und den weichen Körper unter ihren Füßen spürt, weiß sie schon, bevor sie sich wieder fangen kann, dass etwas in ihm zerbrochen ist und dass sie nun keine Angst mehr haben muss.

Friedensstifter Mit dem Engel hat er schon Erfahrungen gemacht, als er noch ein Kind war. Er spielte so vor sich hin, gerade mal vier oder fünf, mit dem Krempel, den seine Eltern ihm gekauft hatten, da erschien ihm ein Engel, der kein Blatt vor den Mund nahm.

Du bist, sagte der Engel mit einer erstaunlich hohen Stimme, die kaum zu seiner stattlichen äußeren Erscheinung passte, seinen wie in Kupfer gegossenen Flügeln und seinem leuchtenden bodenlangen Gewand, du bist aufgerufen. Er ließ den Metallkran stehen, mit dem er gerade gespielt hatte, und schaute blinzelnd zu ihm hoch. Mit einer Bewegung, die er wohl lange geübt hatte, warf der Engel herrisch sein Haar nach hinten und starrte dem Kleinen direkt in die Augen.

Hallo, murmelte er verschüchtert und schaute auf seine Finger.

Weißt du, was ich von dir verlangen werde, sagte der Engel und löste sich ein wenig vom Boden.

Nein, murmelte er schüchtern und wischte sich mit dem Ärmel über die Nase, die zu laufen begonnen hatte.

Ich will, dass du von nun an den Frieden des Herrn auf die Erde bringst, befahl der Engel, ein Friedensstifter sollst du sein.

Er nickte und hoffte, dass der Engel dann wieder verschwinden würde, aber der Engel ließ nicht locker.

Hast du mich verstanden? Weißt du überhaupt, was das bedeutet. Er nickte wieder, obwohl er keine Ahnung hatte, was der Engel von ihm wollte. Der Engel schüttelte noch einmal seine Flügel, so heftig, dass die Spielfiguren, die er liebevoll um sich herum aufgebaut hatte, durcheinandergerieten und umstürzten. Dann verblasste der Engel und war verschwunden.

Er spielte einfach weiter, was hätte er auch sonst

tun sollen. Aber am Abend, als sein Bruder ihm die Wurstschnitte vom Teller stahl und er ihm auf die Finger hauen wollte, spürte er einen Widerstand, der ihm die Hand einfror, und senkte den Arm. Der Bruder, der sich schon vorsichtshalber zur Seite gedreht und die Wurstschnitte rasch in den Mund gestopft hatte, starrte ihn überrascht an, dann schluckte er alles hinunter und grinste zufrieden.

Von da an ging es nun ständig so. Wenn sich an der Rutsche jemand vordrängelte, nickte er ihm freundlich hinterher. Wenn ihm am Park jemand eins mit einem Zweig überzog, hielt er still und den Blick gesenkt. Ständig wurden ihm Spielsachen weggenommen, Jacken versteckt, Schuhe in den Schlamm geworfen und Stifte abgebrochen. Sein Bruder fraß ihm das halbe Essen vom Teller; der Vater gab ihm zu wenig Taschengeld, und die Mutter schickte ihn viermal nacheinander in den Keller, um Kartoffeln hochzuholen, obwohl eigentlich sein Bruder an der Reihe gewesen wäre. Alles in ihm sträubte sich, aber er brachte es nicht fertig, sich dem Befehl des Engels zu widersetzen. Seine eigene Strahlkraft war gering. In der Grundschule hatte er keine Freunde und nur eine Plastiktüte als Schultasche, weil ihm zweimal der Ranzen geklaut und verschmiert worden war; später, in höheren Klassen, ließ man ihn in Ruhe, grinste aber über seine Bereitschaft, Butterbrote, Tintenkiller, Mathematikaufgaben und Zigaretten mit anderen zu teilen; nach der Schule fand er eine

Freundin, die sich in seine Sanftmut verliebte, sich aber zugleich zwei weitere Liebhaber hielt und in Rage geriet, als er es demütig zur Kenntnis nahm. Bin ich dir denn egal, schrie sie. Nein, murmelte er erschrocken, ganz und gar nicht, wie kommst du darauf.

Du wirst ja nicht mal wütend, schimpfte die Freundin, hast du gar kein Feuer in dir. Kampfgeist, schon mal gehört.

Ich kann nichts dafür, sagte er schwach, das war der Engel, aber da hörte sie schon nicht mehr zu, vier Tage später war sie ausgezogen, und beruflich ging es auch nicht bergauf, man stellte ihn im Jobcenter für die Langzeitarbeitslosen ein, die er geduldig und erfolglos betreute. So lernte er, die Engel zu fürchten.

G

Geschenke Heute ist Chor, und zum Glück kommen morgen die Helfigers zum Abendessen, Birnentörtchen mit Blauschimmelkäse und Entenbrust in Rotweinsoße, er wird darauf achten, dass sie mehr isst, als ihr guttut, und danach werden sie so übersättigt sein, dass sie sofort in tiefen Schlaf fallen werden, und bald wird sie ihre Periode bekommen, dann will sie nicht berührt werden und entschuldigt sich dafür, als entgehe ihm etwas. Stattdessen ist er an diesen Tagen erleichtert und unbeschwert, er traut sich sogar, ihr Blumen mitzubringen, immer am zweiten Tag der Periode, er achtet auf winzige Hinweise, feine Blutspuren oder bereitgelegte Tampons, ein Strauß gelber Tulpen oder lachsfarbener Fresien, sie nimmt sie freudig und ein wenig schuldbewusst entgegen, weil sie Blumen als Ankündigung einer Liebesnacht verstehen will, für die sie sich zu verklebt fühlt, aber so ist es nicht gemeint, im Gegenteil: Nur wenn keine Liebesnacht droht, kann er ihr unbeschwert Blumen schenken und auch einen Rotwein öffnen, der sie anwärmt und aufregt, aber Chor ist Chor, den kann man nicht ausfallen lassen, jede Stimme ist wichtig und trägt bei zum großen Klang, das muss er verstehen, und wenn sie wüsste, wie gut er das versteht, bräche sie in Tränen aus. Er sitzt am Schreibtisch und tippt unschlüssig vor sich hin, schreibt Mails, die auch warten könnten, er hält länger durch als sie, auch wenn sie schmollend hinter ihm auftaucht und ihm die Arme um den Hals schlingt. Manchmal liest sie auch, um sich wachzuhalten, und schläft dann mit dem auf den Bauch gesunkenen Buch ein. Sie ist rundlich und appetitlich, sie wäscht sich an den richtigen Stellen und an anderen nicht, so wie er es mag, im Bett legt sie ihm die Brüste in die Hand wie Geschenke, sie schweigt, oder sie redet oder schluchzt, so wie er es mag, sie kann warten oder rasend schnell in Stimmung kommen, sie ist besser, als er träumen könnte, und nichts ist schlimmer als ein Geschenk, das niemand will.

H

Hirn Ihr Kind hat ein Loch im Ohr, schon lange. Niemand wusste es, nichts war anders als bei den Kindern, die sie im Park und in der Spielgruppe trafen, es wuchs auf und gedieh. Nur die Wörter, die es dann sprach, klangen verwaschen, als tauchten sie hinter einer ungeputzten Scheibe auf, man erkannte zwar die meisten, aber sie verliefen sich im brabbelnden Mund des Kindes. Sie übten ab und zu, wenn es sich ergab, sangen Lieder, zählten die Finger, zeigten auf Blumen und sprachen die Namen langsam, jeden Laut einzeln. Das Kind lernte schnell, es merkte sich alle Wörter, aber die Schärfe der Konsonanten beherrschte es nicht, und das linke Ohr entzündete sich immer wieder, brannte und eiterte, die Nächte waren unruhig. Dann fand der geduldige Kinderarzt, der dem Kind Bildkarten vorlegte und den Rachen ausleuchtete und lange mit einem gebogenen Spiegel in die Ohren spähte, endlich das Loch. Interessiert beschrieb er es ihr, zeigte es ihr im Spiegel, auch wenn sie im rötlich entzündeten Inneren ihres

Kindes kein Loch erkennen konnte, und lobte sie und das Kind, der Spracherwerb sei überraschend gut verlaufen, man wisse nicht, was das Kind überhaupt hören könne, es müsse sehr sprachbegabt sein. Stolz und zugleich besorgt ging sie mit dem Kind nach Hause. Ein Loch im Ohr klang nicht nach einer großen Bedrohung, aber dennoch wie eine Beschädigung ihres Kindes, die sie bekümmerte und die sie ungeschehen machen wollte. Experten mussten zurate gezogen werden, das Loch wurde vermessen, das Gehör des Kindes überprüft; es war schwerhöriger, als sie gedacht hatten, vielleicht konnte es Lippen lesen, niemand wusste, warum es so gut sprach, von der leichten Verwaschenheit der Konsonanten einmal abgesehen. Das Kind fürchtete die Untersuchungen. Es war zu klein, um lange stillzuhalten, und die Experten, die es zunächst gütig begrüßten, wurden rasch ungeduldig. Wenn es auf dem Stuhl herumrutschte und sich von den Untersuchungsinstrumenten wegdrängte, herrschten sie es an, es solle sitzen bleiben, und dann brach es oft in Tränen aus, ein schluchzendes Kind kann nicht untersucht werden, und sie hielten inne und sahen mit verstohlener Ungeduld auf die Uhr.

Können wir es nicht so lassen, fragte sie die Experten. Es kann doch auch mit einem Loch im Ohr und verwaschenen Konsonanten glücklich werden.

Es geht nicht um Glück, sagten die Experten, es geht darum, dass durch das Loch in seinem Trommelfell Keime in sein Innenohr gelangen können, die unter Umständen zu schwerwiegenden Infektionen führen. Das Hirn liegt nicht weit vom Ohr, wissen Sie.

Unter welchen Umständen, fragte sie, aber die Experten lehnten weitere Prognosen ab und rieten ihr, das Ohr des Kindes flicken zu lassen, erst Beobachtung, dann ein einfacher Eingriff, einige Tage Klinikaufenthalt, natürlich könne sie das Kind begleiten.

Sie entschied sich, obwohl sie das Kind nicht fragen konnte, für die Operation. Mit einer Tasche voller Bilderbücher, Stofftiere und Spiele zogen sie, das Kind verängstigt, sie mit gespielter Zuversicht, in die Klinik. Innerhalb von Minuten lebte sich das Kind dort ein, huschte von Zimmer zu Zimmer, unterhielt sich mit den Schwestern und entdeckte im Spielzimmer ein Übermaß an Spielsachen aus buntem Plastik, Dinge, die es sich schon seit Jahren zu Weihnachten wünschte. Sie ging langsam hinter dem Kind her, beobachtete es auf seinen Streifzügen und kämpfte gegen ihre Beunruhigung wegen der Operation, die sich abends, wenn um sie herum in den Nachbarzimmern Kinder weinten und wimmerten, andere sich anschrien oder nach ihrer Mutter riefen, zu dunklen Ahnungen auswuchs. Schon am ersten Tag hatte sie mehr kranke Kinder gesehen als jemals zuvor in ihrem Leben. Die meisten von ihnen hatten nicht nur ein Loch im Ohr oder einen gebrochenen Arm, sondern schoben Infusionsbeutel vor sich her, waren abgemagert oder kahl rasiert, lagen aufgedunsen auf ihren Betten oder trugen Helme auf den schmalen Köpfen. Ein Zimmer weiter lag ein Mädchen, das nichts essen wollte oder konnte; ihre Mutter kam jeden Tag zweimal, ein verstocktes Brüderchen an der Hand, und versuchte, sie mit glanzvollen Beschreibungen aller möglichen Köstlichkeiten zu verlocken, Erdbeertorte, Pizza, Hamburger mit Bergen von salzigen Pommes, Schokolade mit Haselnüssen, Zartbitter, Marzipan, Krokant oder Nougat, aber das Mädchen presste nur die Lippen aufeinander und schaute seine Mutter hilflos an, sie sah, dass es ihr die Freude machen wollte, aber ein tiefer Ekel ließ es die Augen schließen und sich abwenden.

Beklommen schaute sie ihrem Kind nach, das zum Spielzimmer rannte und dort das Angelspiel aufbaute, und versuchte sich vorzustellen, was wäre, wenn ihr Kind nicht äße. Diesen Gedanken hätte sie nicht denken dürfen, andere folgten ihm, was wäre, wenn ihr Kind auch so zucken würde wie der Junge auf dem Flur, was wäre, wenn es nicht mehr sprechen könnte, wenn es lallte oder nur noch wirr daherredete oder überhaupt nur noch still und schmal auf dem Bett läge, die Augen geschlossen, wie der Kleine im hinteren Einzelzimmer, dessen Tür zwar immer offen stand, der aber noch niemals den Kopf gedreht hatte.

Während sie rastlos und langsam ihrem Kind durch die Flure folgte, den Schwestern zunickte und den Gesprächen der anderen Eltern lauschte, demütigten sie die Sorgen der anderen. Was war dagegen ein Loch im Ohr, selbst eine Infektion, das Kind würde es überleben, sie würde es überleben, es würde besser hören oder schlechter, die Konsonanten vielleicht etwas verschliffen ein Leben lang, was machte das schon.

Als der Tag der Operation kam, verblichen auf einmal die großen Sorgen der anderen zu einem Hintergrund, der sie nichts mehr anging. Es zählte allein das Kind, das schwer von Schlafmitteln in ihren Armen hing, es versuchte noch etwas zu sagen, aber seine Zunge hing ihm träge in der Backe, sie hielt seine Hand, als die Narkose anfing zu wirken und seine Augen nach oben wegrollten, dann musste sie draußen warten. Sie ging in die Cafeteria einer anderen Abteilung, um niemanden zu kennen, saß über einem Kamillentee und versuchte, sich die helle Aufregung aus dem Körper zu atmen, aber sie konnte es nicht mehr zügeln, etwas in ihr wusste, dass es um alles ging: Ohne das Kind nach Hause gehen zu müssen, das war das einzig Unerträgliche, alles andere würde sie für immer auf sich nehmen, wenn sich ein solcher Handel machen ließe, wäre sie sofort zu allem bereit.

Später im Aufwachraum reichte sie dem weinerlichen, wie besoffen lallenden Kind, das einen großartig festgezurrten schneeweißen Kopfverband trug, unter dem sein Gesicht winzig aussah, Plastikbecher mit Tee, wischte ihm die Stirn, ließ sich von ihm beschimpfen, weil es nichts essen durfte, sie ist nun bereit, ihrer Seite des Handels nachzukommen, ein Leben lang.

K

Keller Die Krise macht ihm keine Angst, er hat sein Erspartes nie zur Bank getragen, sondern es zu Hause aufbewahrt, in einem Blumentopf im hinteren Kellerregal, wovor immer alle gewarnt haben, und nun haben die Warner und Besserwisser alles verloren, und seine Scheine und Münzen ruhen zinslos, aber unangetastet im Blumentopf, eine stattliche Summe, die ihm einen angenehmen Lebensabend und vielleicht die eine oder andere Reise an die Nordsee sichern soll. Angst hat er nur vor seinen Kindern, die nichts von dem Ersparten wissen, ihn aber immer wieder bedrängen, er solle sein Testament machen oder sein Vermögen anlegen, helfen wollen sie, ihn dabei beraten, ihm zur Seite stehen, das ist ihm alles nicht geheuer, sie können doch gar nicht wissen, wie viel sich im Blumentopf angesammelt hat, er hätte ja auch alles verprassen können, schließlich sind sie nicht über sein gesamtes Leben im Bilde, und die letzten Jahre mit seiner Frau sind kostspielig gewesen, sie hat teure Kuren und Medikamente gebraucht, und geholfen hat es doch nicht. Das wissen die Kinder, das müssen sie wissen, sie haben ja die Mutter und ihn besucht und die Rollstühle, Krankenbetten und Infusionsschläuche gesehen, das schenkt einem keiner, hat er ihnen klarzumachen versucht, aber sie haben abgewehrt, als habe er etwas Unsittliches gesagt. Sie müssen ein Gespür für verborgene Reichtümer haben, sie ahnen, dass er mehr hat, als es scheint, sie schlagen vor, er solle die Markise erneuern oder das Dach machen lassen, das obere Bad könnte eine neue Wanne gebrauchen, das sind alles Fallen, die sie errichten, damit er hineintappt und sein Geld aus dem Blumentopf holt, und dann werden sie triumphierend die Hand auf das Geld legen und seinen Lebensabend in die Tasche stecken. Wenn sie zum Kaffee oder zum Sonntagsfrühstück hereinschneien, freut er sich natürlich, es sind seine Kinder, seine hübsche Tochter, sein stattlicher Sohn, erwachsene Kinder, die gut dastehen im Leben, sie verdienen beide, sie haben gute Stellen, alles nicht selbstverständlich heutzutage, aber er kann den Blick nicht von ihnen lassen, er mustert sie und prüft ihre Mimik, wenn sie die Tasse zum Mund führen, die Bluse zurechtzupfen, sich nach dem Essen strecken, und vor allem, wenn sie durch das Haus gehen, mit den Blicken die Regale absuchend, er weiß, worauf sie aus sind. Sie suchen das Versteck, bei allem, was sie tun. Damit er es nicht merkt, versuchen sie ihn pausenlos in Gespräche zu verwickeln, es ist sehr anstrengend, ihnen zuzuhören, angemessene Antworten zu finden und zugleich wachsam zu bleiben und nicht nachzulassen. Manchmal schafft er es nicht, das Gespräch zu verfolgen, und beschränkt sich auf die Überprüfung ihrer Blicke und Bewegungen, aber das nehmen sie ihm übel, sie werden dann unruhig und zupfen besorgt an ihm herum, Papa, hast du denn überhaupt gehört, worüber wir gerade gesprochen haben, Papa, warum bist du so still, und sie werfen sich Blicke zu, die ihn verärgern.

Einmal hätte er sich fast verraten, er machte den Fehler zu sagen, was wollt ihr denn dauernd von mir, ich kann nicht dauernd zuhören, versteht ihr, ich muss eben auf euch aufpassen. Da verstummten sie und starrten ihn an, sie warteten wohl, dass er erklärte, warum er auf seine erwachsenen Kinder aufpassen musste, aber er würde sich hüten, noch mehr zu sagen, er zuckte nur mit den Schultern und schlug die Augen nieder, als schämte er sich.

Aus heiterem Himmel schlägt der Sohn an einem Samstagmorgen, dem Tag der Geschäftigkeit, vor, den Keller mal gründlich aufzuräumen. Er ist schon fast auf der Kellertreppe, ich schau mir das mal an da unten, Papa, wir wollten doch schon lange mal den alten Krempel ausmisten, da hält es ihn nicht mehr, er eilt zum Kellerabgang, hämmert mit der Faust gegen die Wand, viel zu leise, dann gegen das Treppengeländer, sehr schmerzhaft, weil das Geländer aus Metall ist und einen scharfkantigen Rand hat. So, brüllt er, und jetzt hörst du mal auf mich, auch der Schrei viel zu leise, seine Stimme ist brüchiger als sonst, wenn er schreit, es klingt nicht beeindruckend. Er ist selbst nicht von sich beeindruckt, er sieht sich krächzend und vornübergebeugt auf das Kellergeländer eindreschen, während sein Sohn ungerührt die Innereien des Hauses durchkämmt, auf der Suche nach seinem Geheimnis. Es ist lächerlich, er macht keine gute Figur, der Sohn dagegen, aufrecht und gut trainiert, arbeitet kraftvoll und systematisch, man hört ihn räumen, er schiebt Fahrräder zur Seite und stapelt Altglas, Papa, ruft er unbeirrt, das ist ein Saustall, höchste Zeit, Papa, bleib ruhig oben, ich schaue nur, was alles gemacht werden muss, und der Sohn ruft weiter, es klingt wie ein Gesang, früher hat er gesungen, bevor er dann in den Stimmbruch kam und nicht mehr zu wachsen aufhörte. Wenn er im Keller weiterwächst, wird er an die Regale stoßen, die Blumentöpfe werden zersplittern, das Geld wird in den Staub rutschen, wo es niemand mehr finden kann, und er wird den Sohn im Keller nicht mehr loswerden, weil die Kellertreppe zu eng ist. Er setzt sich mühsam auf die obere Stufe, die klamm ist und in den Ecken staubig, und schließt die Augen. Er hört, wie ein Schlüssel in der Tür geht, es wird die Tochter sein, und der Sohn kommt die Treppe hoch, sie kommen von beiden Seiten auf ihn zu, aber er hält die Augen geschlossen, solange es geht und noch etwas länger.

Knospen Der Frühling besitzt dieses Jahr die Unverschämtheit, schon im Februar wie eine unaufhaltsame Infektion überall auszubrechen. Aber mehr noch als die aufdringlichen Knospen, die in den Gärten aus der Erde drängen, mehr noch als das Geschrei der Vögel und das irritierende Flirren der ersten Blättchen fürchtet er die flächendeckende Beglückung, die sich um ihn herum verbreiten wird. Wenn in jedem Café Leute ihre bleichen Gesichter verklärt lächelnd in die fahle Sonne recken, wenn in der Straßenbahn Wettermeldungen wie Trümpfe ins Spiel gebracht und im Büro nackte Waden und Unterarme zur Schau gestellt werden, ist das schlichtweg eine Zumutung. Überall wölben sich mit einem Mal schwangere Bäuche, Mütter beugen sich gurrend über Kinderwagen, kleine Hände fuchteln durch die Luft, dazu das Krähen, Kreischen, Lachen, der Frühling ist die lauteste Jahreszeit, die es gibt. Natürlich kann er nicht mit verschlossenen Ohren durch die Gegend laufen, auch er muss Gespräche führen, muss den Duft der frischen Parfüms hinnehmen, denn die Natur duftet noch lange nicht, sie spult nur ihre Rundumerneuerung ab wie jedes Jahr, und niemand durchschaut sie außer ihm. Missmutig geht er durch die Straßen, weil er sich ja nicht zu Hause einschließen kann, die Rollläden runter und die Tür abdichten gegen die Pollen, das geht nicht, er ist ja nicht verrückt.

Ja, sagt jemand in der Bahn von hinten herzlich, dass ich dich hier treffe, an diesem schönen Morgen, und schon umgreift eine Hand seinen Ellbogen, und als er den Kopf nach hinten reißt, um zu sehen, wer es ist, einen Verdacht hat er natürlich, verspannt sich etwas in seinem Nacken, und er fasst sich stöhnend mit der Hand an den Hals.

Geht es dir nicht gut, sagt sie, aber ernst war die Frage nicht gemeint, das lässt sie nicht gelten, denn im Frühjahr muss es jedem gut gehen, also auch ihm. Sie treffen sich etwa einmal im Jahr, nie absichtlich, aber wenn es dazu kommt, blitzen ihre Augen, dazu ein gerührter Zug um den Mund, weil es damals schön war, wenn auch nicht auf Dauer. Weißt du noch, schön war es, sagt sie immer gleich, auch dieses Jahr raunt sie es ihm ins Ohr, inmitten der Fahrgäste. Er muss sie nun zum Kaffee einladen, ein Leichtes im Frühjahr, wo überall die Cafés die Gehsteige mit ihren Plastikstühlen blockieren, und dass er keine Zeit hat, ist auch keine Ausrede, die sie ihm durchgehen ließe, das ist er ihr schuldig, denn schließlich hat er sie damals verlassen, oder war es andersherum. Darüber wird sie nun mit ihm reden wollen, wie es war aus ihrer Sicht, seine Sicht kennt sie ja, nicht dass er ihre Sicht nicht kennte, aber auch das Bekannte macht sich doch immer wieder überraschend gut, wie der Frühling.

Da ging es ja auch los mit uns, im Frühling, sagt sie und schaut versonnen über seinen Kopf hinweg auf die Straßenbahnanzeige, als läse sie dort die Episoden ihrer Bekanntschaft nach.

Kein guter Anfang, wenn es der Frühling war, möchte er sagen, aber die Frühlingsschelte hat er sich längst schon abgewöhnt, niemand versteht das, und er möchte nicht durch unverständliches Verhalten auffallen. Außerdem sitzt er hier mit einer glühenden Verehrerin des Frühlings, sie atmet tief durch, sie behauptet, den Geruch von Erde und Feuchtigkeit tief innen zu spüren und auch, wie sich jedes Frühjahr etwas in ihr öffne, ob er das nicht auch kenne. Überhaupt sei sie im letzten Jahr offener geworden; sie wage zu behaupten, dass sie ihm, wenn sie sich jetzt neu kennenlernten, ganz anders begegnen könne als damals, das ja so lang auch nicht her sei, jedenfalls habe sie nichts vergessen und sei sich sicher, inzwischen daraus eine ganz andere Geschichte machen zu können.

Aber dazu gehören ja zwei, murmelt er.

Eben, ruft sie beglückt, wir waren allein und doch zusammen. Er nickt. Er erinnert sich gut an diesen Zustand, der ihm eigentlich sehr angenehm gewesen war, denn innige Verpaarungen sind seine Sache nicht.

Und wie war das letzte Jahr für dich, fragt sie und beugt sich auf eine innige, zugewandte Art ihm entgegen.

Viel Arbeit, viel unterwegs, viel erlebt.

Sie lacht auf, das reicht nicht, etwas mehr muss

er schon preisgeben, und vor allem muss er auf ihr Angebot eingehen, eine ganz andere Geschichte zu beginnen, für die das letzte Jahr ein Vorspiel sein könnte, und ihm ist so warm. Er sinkt etwas in sich zusammen und schaut hilflos auf die Straßenbahnanzeige, die mit scharfen Stacheln gespickt ist, um die Tauben zu vertreiben, die doch sowieso praktisch ausgestorben sind in der Stadt.

Erzähl mir von deinem schönsten Moment. Danach bekommst du meinen. Er möchte keinen ihrer Augenblicke geschenkt haben, er weiß, dass sie mit dem Frühling zu tun haben werden, mit diesem dreisten Wachstum, seinen unverbrauchten Knospen, irgendetwas in dieser Art. Er sagt: Mein schönster Moment war im Winter. Eine Taube wollte sich auf den Gartenzaun meines Nachbarn setzen. Er stockt. Sie schaut ihn an und berührt seine Hand, bereit für eine behutsame Enthüllung, ein kleines Bekenntnis.

Nein nein, sagt er, verzeih, mir bekommt diese Wärme gar nicht. Er zieht seine Hand weg, winkt dem Kellner und zahlt einen Kaffee, den er nicht getrunken hat.

Kooperation Es ist ja nicht so, dass sie sich einfach ein bisschen gruselt vor Leichen und der Erde, die auf den Sarg fällt, oder dass sie einen Krimi im Fernsehen gesehen hätte, den sie nun im Kopf hat. Sie darf gar nicht fernsehen, und wenn ausnahmsweise doch, dann nur Wissenssendungen für Kinder, in denen nichts Grausames vorkommt. Es ist auch noch niemand, den sie kennt, gestorben. Nachts liegt sie wach und versucht, sich den Tod vorzustellen, nicht irgendeinen Tod, sondern ihren eigenen. Wenn sie es sich zu genau vorstellt, muss sie schreien. Die Mutter kommt, aus dem Schlaf gerissen, nachts zu ihr, setzt sich neben sie, fasst ihr die Stirn, ob sie vielleicht fiebert, aber sie weiß schon, das ist es nicht. Wenn die Mutter fragt, was ist denn wieder los, nicht um wirklich herauszufinden, was sie bedrängt, denn das weiß sie schon lange, sondern um durch laut gesprochene Worte den Schrecken etwas zu schmälern, sagt sie, jede Nacht wieder, ich habe Angst, dass der Tod kommt. Sie sagt nicht, dass ich sterben muss, oder, dass etwas Schreckliches passiert, sie sagt, dass der Tod kommt. So stellt sie sich ihn auch vor, als jemanden, der zur Tür hereinkommen kann, jemand Schmalen, der sich auf die Bettkante setzt, ganz wie die Mutter jetzt, und der tonlos fragt, was ist denn wieder los.

Die Mutter redet leise mit ihr, erklärt ihr geduldig, mit einer gut verborgenen Müdigkeit und Gereiztheit, dass der Tod nicht einfach kommt, und zu Kindern schon gar nicht, dass man vorher krank sein muss, dass sie aber kerngesund ist, dass sie gerade beim Doktor waren, der alles abgehört hat, dass ihr in ihrem Zimmer nichts auf den Kopf fallen kann, dass niemand ins Haus hinein kann, weil die Eltern aufpassen und außerdem abschließen, dass sie noch ein langes Leben vor sich hat und später ihre Kinder nachts beruhigen wird, so wie sie es jetzt tut. Die Mutter hofft, eine Beweisführung aufzubauen, der sie sich nicht entziehen kann, sie schlägt im Buch des Lebens die Seiten um, und es ist klar, dass der Tod darin nicht vorgesehen ist, und niemand kann das Buch zuklappen. Wenn die Mutter lang genug blättert, schläft sie ein, aber oft genug gibt die Mutter schneller auf als sie, streichelt ihr noch den Kopf, heftiger als nötig, sie spürt darin den Unwillen, die Mutter tut, was sie kann, aber sie muss schlafen, und wenn die Angst hartnäckiger ist, lässt es sich nicht ändern. Es hilft auch nicht, zu der Mutter ins Bett zu kriechen, denn die Mutter sinkt sofort in den Schlaf, breitet sich aus, schnarcht laut, es ist sehr dunkel, hier ist kein Schutz vor dem Tod.

Morgens spricht die Mutter es an, wie redest du, sagt sie, woher hast du das, du hast dir irgendwas einreden lassen, an so was denkt man nicht, wenn man sieben Jahre alt ist, und jede Nacht aufstehen, das macht mich fertig. Du brauchst ja nicht aufzustehen, sagt sie trotzig, sie kann auch allein daliegen und Angst haben, die Mutter kann ihr sowieso nicht helfen.

Sie muss zum Schulpsychologen, der sie durchdringend anschaut und sie bittet, aus den Holztieren, Klötzen, Häusern, Bäumen und Figürchen eine

Landschaft zu bauen. Sie gibt sich Mühe, weil sie die Angst gerne verlieren möchte, es wäre schön, einfach nur vor Gewitter Angst zu haben, und wenn es nicht mehr donnert, ist auch die Angst vorbei. Er schaut ihr zu, wie sie die Häuser und Bäume zu einem kleinen Ort zusammenschiebt, umgeben von Holzschafen und Zäunen, es sieht aus wie das Dorf auf der Nordseeinsel, wo sie letztes Jahr Urlaub gemacht haben, und gefällt ihr. Stolz blickt sie auf, da sagt er, und jetzt zeig mir mal, wo die Angst ist. In mir drin, sagt sie. Nein, sagt der Schulpsychologe, ich meine das, wovor du Angst hast, wo ist das. Stell das mal dazu. Sie beugt sich über die Figürchen, es gibt Tiere, einen Bauern, einen Zauberer mit einem gesternten Umhang, eine Mutter mit einem geflochtenen Zopf. Er ist nicht dabei, sagt sie. Dann nimm doch etwas Ähnliches, schlägt der Schulpsychologe vor, als sei es möglich, einfach den Tod auszutauschen gegen einen Zauberer oder eine Mutter oder einen Ziegenbock. Sie schüttelt den Kopf und lehnt sich zurück.

Später fragt die Mutter, warum sie nicht kooperiert habe. Sie weiß nicht, was das Wort bedeutet. In dieser Nacht wird sie nicht ins Bett gehen.

L

Lehm Es könnte ein Augenblick eintreten, in dem sie die Verwechslung bemerkt. Darauf wartet er schon, seitdem sie sich kennengelernt haben. In den ersten Wochen war sie natürlich zu gefesselt von dem neuen Körper. Eine frische Bewegung, neue Augen, die sie anblickten, als wäre sie eben dem Wasser entstiegen oder aus Lehm zusammengeklopft und eigens für ihn beatmet. Hände, deren Finger auf ihrer Haut spielen, ihren Hals entlangfahren, als gäbe es etwas zu entdecken. Die Eroberung eines neuen Kontinents ist hinreißend und erfüllt die Pioniere mit unsäglichem Stolz, Zärtlichkeiten für alle Pfade, die noch auf keiner Karte verzeichnet sind.

Sie ist schweigsam und konzentriert und richtet sich rasch ein im fremden Körper, in seinem fremden Körper, der mit jedem Tag bekannter wird, und dann wird sie merken, dass eine Verwechslung vorliegt.

Er versucht es hinauszuschieben, indem er sich rarmacht. Er trifft sich mit seinen Kollegen zum

Boulespielen auf dem Sandplatz, einem entlegenen Eckchen gleich neben den Gleisen, das sie niemals finden wird, und schaltet sein Handy aus. Morgens geht er vor der Arbeit spazieren, irrt über die frisch gereinigte Fußgängerzone und an erleuchteten Reihenhäusern entlang, dann holt er sich einen Kaffee am Bahnhof, wo die Penner mit ihren Hunden auf die ersten frisch aufgebackenen Brezeln warten, die ihnen ein Mädchen herausreicht, obwohl sie doch nichts bezahlt haben. Er beobachtet die Speisung und möchte sich auch in die Reihe stellen, aber ihm würde das Mädchen nichts geben, weil er zu sorgfältig gekleidet ist. Dann geht er gleich zur Arbeit, sodass er den ganzen Tag unerreichbar bleibt, und je öfter sie es versucht, desto stärker wird ihre Sehnsucht, die ihr den Blick verschleiert. Schon hat er gemerkt, wie sie ihn manchmal prüfend anschaut, als überlege sie, ob sie ihn doch schon einmal gesehen hat. Diesen Blick gilt es abzulenken, er kitzelt sie oder fasst sie grob an oder sagt schnell etwas, das ihr gefallen könnte.

Auch Kino, Restaurantbesuche und Empfänge sind hilfreich in dieser Hinsicht. Sie starren auf die Leinwand, seine Hand auf ihrem Knie, ihr Kopf an seinem Hals, sie naschen von ihren Tellern und schauen Fremden zu, deren Anblick sie einander wieder fremd werden lässt, das ist gut, das kann ewig so weitergehen.

Das kann ewig so weitergehen, flüstert er ihr zu.

Wie meinst du das, fragt sie zurück.

Es gibt so viel zu entdecken, lockt er, aber sie streckt sich behaglich und sagt, in normaler Zimmerlautstärke und tief befriedigt, aber weißt du, was ich so schön finde.

Er will es nicht hören, er legt eine Hand über ihren Mund, aber sie schält seine Finger von ihren Lippen.

Was ich so schön finde, sagt sie laut: dass wir uns immer besser kennenlernen. Ich habe fast das Gefühl, als hätten wir uns schon einmal gekannt.

In einem anderen Leben, scherzt er.

Nein nein, sagt sie und richtet sich auf, beugt sich vor und starrt ihn an, in diesem Leben meine ich. Als ob wir uns schon, er unterbricht sie, du sollst mich nicht verwechseln, und er droht ihr scherzhaft mit dem Zeigefinger. Dabei hat sie ihn längst verwechselt mit einem neuen anderen, der er nicht ist, er ist der alte Bekannte, der schon immer da war, den sie immer wieder trifft, ob sie will oder nicht, und sie ist kurz davor, es zu merken, vorher muss er sie zum Schweigen bringen, und das tut er mit großer Könnerschaft, die man nur erlangt, indem man ein Leben lang übt.

M

Marinade Ein Abend steht über den Dächern, der sich gewaschen hat. Er ist rot und schwer, bringt die Satellitenschüsseln zum Schillern und lässt die Leuchtreklamen der Tankstelle verblassen, ein Abend, durchkreuzt von Fledermäusen, von Stimmen, die Menschen winken einander zu, es ist ja Sommer, sie spannen Wäscheleinen über die Balkone, hängen ihre Bikinis auf, sie feiern und grillen, alle grillen. Sie will auch grillen, sie will mit anderen um eine Metallschale stehen und Fleischstücke braten, ein Bier in der Hand, Holzkohle, Grillanzünder, es ist ganz einfach, man braucht nur ein paar andere.

Von ihrem Fenster aus sieht sie die Dachterrasse der Nachbarn, sorgfältig bepflanzt, Blumenkübel, kleine Bäumchen, Sommerflieder, Oleander und gleich neben der Brüstung, als wollten sie Rauchsignale senden, der Grill aus Edelstahl. Heute ist niemand zu sehen, der Grill glänzt im Abendlicht, als hätte ihn jemand poliert, vielleicht tun sie das sogar, die Nachbarn sind sorgsam mit ihren Sachen, sie pflegen die Materialien, ölen, fegen und streichen alles rechtzeitig, bevor es verkommt, es ist beruhigend zu sehen, dass eine entsprechende Behandlung die Dinge länger am Leben erhält.

Einmal haben die Nachbarn sie herübergewinkt, es ist schon über ein Jahr her, ein Frühlingsabend, früh verdunkelt, der Grill zum ersten Mal angeworfen, es sah aus wie ein Lagerfeuer, doch trotz der Dämmerung entdeckten die Nachbarn sie auf dem Balkon und winkten sie herüber. Zuerst glaubte sie den lockenden Handbewegungen nicht, wieso sollte sie gemeint sein, es gab so viele Zuschauer, sie schaute weg und beugte sich über ihren Phlox, pflückte einige trockene Blüten ab, aber als sie hochsah, winkten die Nachbarn noch immer, schwenkten Würste durch die Luft, zeigten mit übertriebenen Gesten auf die Teller und Gläser, es war eindeutig.

Auf einmal geriet sie in helle Aufregung. Diese Einladung wollte sie annehmen. Im Bad fuhr sie sich durch die Haare, wischte sich mit einem heißen Lappen durchs Gesicht, biss sich auf die Lippen, um die Durchblutung zu fördern, ein alter Trick für Rendezvous, aber dies war kein Stelldichein, ein paar Nachbarn legten Würste auf einen Grill und wollten ihr eine abgeben, es gab keinen Grund, sich die Haare zu machen und die Augen und vielleicht etwas Parfüm, eine frische Bluse, das war schnell getan und nur, damit sie sich wohler fühlte, wenn sie den Nachbarn gegenübertrat, aber es war ja auch kein Auftritt, keine Bühne, einfach nur Grillen an einem dämmrigen Frühlingsabend, es gab nichts zu verlieren, sie ging einfach hinüber und lernte die Nachbarn kennen, gab jedem die Hand, es waren mehr, als sie erwartet hatte, vier oder fünf Männer und mehrere Frauen, sie wusste nicht, wer zu wem gehörte, und niemand erklärte ihr etwas.

Wir haben so viel Zeug, sagte einer, mehr, als wir brauchen, und bevor sie gekränkt sein konnte, hatte man ihr schon etwas zwischen die Finger geschoben, Lammkotelett in einer Serviette, die sich am heißen Fleischrand auflöste, jemand goss ihr Ketchup über die Hand, lass es dir schmecken, wie heißt du eigentlich, du wohnst da drüben, wir haben was zu feiern. Sie kam nicht dazu nachzufragen, sie war zu beschäftigt damit, das Lammkotelett zu halten und zu kauen, zu nicken und an der Balkonbrüstung zu lehnen, sprechen musste sie nicht, denn sie war umgeben von funkelndem, nicht versiegendem Gerede, das sich immer wieder neu aufschwang zu Gelächter und gleichzeitigen Ausrufen, um dann kurz abzufallen zu melodischem Gemurmel, es gab keine Pausen, zugleich wurden die Fleischstücke hin- und hergereicht, Würstchen, Koteletts, Steaks, jemand brachte Nachschub, na, ihr Kannibalen, noch was zwischen die Zähne, sie hörte nicht auf zu kauen, wie auch die anderen mit vollem Mund und kauend redeten, und auf jedem Dach standen welche beisammen, sprachen und aßen, ein Stimmengewirr über allen

Dächern, das ihr nach einer Weile in den Ohren zitterte, sodass sie keine einzelnen Sätze mehr unterscheiden konnte, es spielte auch keine Rolle. Hinterher steckten ihr Fleischfasern zwischen den Zähnen, die sie mit Zahnseide entfernen musste.

Sie beugt sich über die Blumenkästen, so weit, dass ihre Brüste auf der erdigen Kante zu liegen kommen und sich die Füße fast vom Boden lösen, damit sie den Balkon der Nachbarn vollständig einsehen kann, aber da ist niemand, die Vorhänge sind zugezogen, die Fenster geschlossen, an diesem lauen Abend, einfach geschlossen. Sie hebt auch den anderen Fuß vom Boden, nun liegt sie auf dem Blumenkasten, unter ihr knicken die Fetthenne ein und das Basilikum, ein strenger Duft umgibt sie, und es fühlt sich an, als hätte sie jemand auseinandergezupft und mit Kräutern mariniert, und sie muss lachen, nicht zu laut, weil es ja keiner hört.

Morgenlicht Was Schatten angeht, ist er empfindlich. Er weiß ihnen auszuweichen, nach jahrelanger Übung kein Hexenwerk. Er schlägt einen Bogen um Laternenschatten, Passanten und Fahrzeuge; Schatten von Pfählen, Pfosten, Ampeln und Strommasten sind leicht zu umgehen. Aufwendiger sind unförmige, ausufernde Schatten, die riesigen unscharfen Ausläufer von Gebäuden. In Straßenschluchten, in denen es sich kaum schattenfrei gehen lässt, ist ihm beklommen zumute, die Sicht verdunkelt sich ihm, er weicht aus in Geschäfte und Passagen, aber die Stadt ist nicht labyrinthisch erschlossen und nicht durchgehend untertunnelt, und irgendwann muss er wieder hinaus und wird gleich von den Schatten der Stadt eingeholt.

Deswegen hält er sich bevorzugt auf dem Land auf, wo Stallungen, Futtersilos, Hochstände, Scheunen und Traktoren überschaubare und im harten Licht der Sonne scharf umrissene Schatten werfen.

Er hat sich für wenig Geld ein Zimmer auf einem Milchhof gemietet. Die Bauern sind eilige, rotgesichtige Leute in kniehohen Gummistiefeln, die ihm belustigt zuwinken, wenn er mit seinem Köfferchen von der Bushaltestelle über die schlammige, schattenfreie Landstraße kommt. Er nutzt die Zeit auf dem Land für ausgiebige Spaziergänge, sofort verbrennt seine Haut in der Sonne, und den Regen begrüßt er wie einen alten Freund. Den Bauern hat er gesagt, dass er wissenschaftlich arbeitet, und sie grinsen ihm zu, wenn er zu seinen Wanderungen aufbricht, als wollten sie sagen: Eine seltsame Wissenschaft, die dich durch die Wiesen stapfen lässt, alter Freund. Gelogen hat er nicht, es ist eine Wissenschaft für sich, ein schattenfreies Leben zu führen.

Auf dem Land empfängt er auch Rosa, die keinen Schatten wirft. Er hat lange nach ihr gesucht.

Viele Frauen mögen ihn, seinen ernsten, rasch hin-

und herschweifenden Blick, der in Wahrheit nur der vorausschauende Blick der Schattenvermeidung ist. Sie setzen sich zu ihm, wenn er im Café auf der Sonnenseite schwitzend in der Zeitung blättert, und fragen nach seinen Interessen und Möglichkeiten. Er sagt dann immer, er wolle im Licht leben, und diese Antwort öffnet ihm die meisten Herzen. Er ist den leichten Berührungen der Frauen auch nicht abgeneigt, er könnte sich mehr vorstellen, denn nachts gibt es keine Schatten, und in der Dunkelheit wäre eine Gefährtin ein kühner, aber möglicher Wunsch. Sie treten hinaus in die Dämmerung, der Zeit am Tag, die lange Schatten wirft, und er prüft die Frauen, mit denen er am nächsten Morgen schattenfrei aufwachen muss. Bisher war es noch bei jeder das Gleiche, sie geraten in das späte Sonnenlicht und werfen ungeheuerliche, weit ins Licht hineinleckende Schatten, die sich hierhin und dorthin biegen, gerade noch kann er zur Seite springen und sich mit einer fadenscheinigen Entschuldigung in Sicherheit bringen. Einmal hat er an einem verregneten Abend eine mit nach Hause genommen, sie schlang sich in der Nacht um ihn, wie er es noch nie erlebt hatte, mit einer wilden Dringlichkeit, die ihn fast das Wesentliche vergessen ließ. Früh am nächsten Morgen wachte er auf, erschöpft und unruhig, sein Körper ahnte schon, was der erste Blick zeigte: Sie lag auf der Seite und warf einen gewaltigen, tiefblauen, unscharf zu ihm herüberwallenden Schatten auf das weiße Laken, und er sprang auf, warf sich Kleider über und machte, dass er davonkam.

Rosa, die ihn auf der Straße ansprach, als er gerade in weitem Bogen dem Schatten eines Müllcontainers auswich, hat keinen Schatten. Er senkte gleich den Blick zu Boden, als sie ihn nach der Uhrzeit fragte, um abzuschätzen, ob er ihr unauffällig ausweichen könnte, aber da war nichts. Sie stand wie frisch gewaschen neben ihm, in einem mädchenhaft getupften Rock, einem ältlichen Gesicht und straff zurückgekämmten Haaren, völlig schattenfrei. Staunend hob er den Blick, musterte sie, ob sie sich gleich wieder verflüchtigen würde, aber sie legte den Kopf schräg und wartete freundlich auf die Uhrzeit. Ich weiß nicht, stammelte er, ich trage keine Uhr, ich orientiere mich an der Sonne. Ach, das gefällt mir, rief sie, ein Abenteurer, ein Freund der Himmelskörper. Genau, stimmte er ein und fuhr gleich fort, um alles klarzustellen, ich kann nur nicht ertragen, wenn sich ihnen etwas in den Weg stellt. Mir stellt sich nichts in den Weg, sagte sie fröhlich, er sah nun, dass ihre Oberlippe sich beim Sprechen über die Schneidezähne stülpte, auch ihre Ohrläppchen gefielen ihm, die lang und schlenkernd aus den Haaren heraushingen, er hatte auf einmal die Muße, sie näher zu betrachten, und als er ihren Namen erfuhr, wollte er mehr von allem. Er lud sie ein aufs Land, und als er das nächste Mal mit seinem Köfferchen aus dem Linienbus stieg, wartete sie schon kichernd neben dem Kuhstall auf ihn, süßlichen Stallgeruch im Haar, und die Bauern zwinkerten ihm aufmunternd zu. Mein Abenteurer, lachte sie und fuhr ihm durch die Haare, und sie gingen hoch in sein Zimmer und betrieben schattenfreie Erkundungen.

Morgens liegt Rosa schattenlos neben ihm, wild sind die Nächte nie, aber sorgfältig und ausgiebig, und er bereitet ihr ein bedächtiges Frühstück.

N

Nachhilfe Natürlich lenken uns die Sterne, auf behutsame Weise, das weiß sie, seitdem sie einen Sterngucker geliebt hat, der ihr alles erklären konnte, auf behutsame, aber unnachgiebige Weise. Er trug selbst genähte Schuhe und auch im Hochsommer einen mit funkelnden Halbmonden bestickten Schal und wusste alles über die Sterne und auch über den Rest der Welt, über Zugvögel und Mineralien und Ballaststoffe, und er verdiente viel Geld in seinem Büro, mit dem er sich die Schuhe leisten konnte, die schmal waren und die er täglich mit Lederfett pflegte.

Über die Liebe wusste er auch einiges, aber mit ihr wurde er ungeduldig, wenn sie sich nicht alles merkte. Auf den Ausflügen, die sie unternahmen, um Zugvögel zu beobachten und Mineralien zu sammeln, fragte er sie ab und schüttelte fassungslos den Kopf, wenn sie schon wieder vergessen hatte, an welcher Schwanzform man den Milan und an welcher Flugbahn den Turmfalken erkennen kann. Und in der Nacht, wenn sie aneinanderlehnten und in das sternsatte Dunkel hochschauten, musste sie ihm die Sternbilder zeigen, die er ihr beigebracht hatte. Ihre Liebe war eine große Nachhilfestunde; manchmal machte sie sich Notizen, um seinen Fragen gewachsen zu sein, oder sie versuchte, ihn durch Zärtlichkeiten oder Kitzeln von seinen Fragen abzubringen. Aber manches würde sie nie lernen, und er blieb ihr Lehrer, solange sie sich liebten.

Dann suchte er sich eine frische Schülerin, eine mit besserem Gedächtnis und schnelleren Gedanken, und sie blieb zurück und versuchte, ihn abzuschütteln, aber er klebte an ihr wie eine zweite Haut, in die sie nie ganz hineingewachsen war.

An den Wochenenden bricht sie immer noch in die Wälder auf, nun ohne ihn, und legt den Kopf in den Nacken, wenn sie Vogelrufe hört; abends geht sie nie ins Bett, ohne einen Blick auf die Sterne zu werfen, und ihr Puls erhöht sich kaum merklich, weil sie in all dem Blinken kein einziges Sternbild erkennt, nur den Großen Wagen und die Venus, aber die kennt jeder.

Jeden Abend hat sie Angst, weil sie so wenig weiß, und vermisst den Sterngucker und seine duftenden Schuhe. Schüler sind robust, hat er gesagt, aber sie fühlt sich nicht robust ohne die strengen Blicke des Sternguckers, und die Steppdecke, die er selbst genäht und mit Daunen gefüllt hat, ist zu warm, umschließt sie wie eine Faust und presst ihr den

Schweiß aus den Poren. Oft muss sie mitten in der Nacht hinaus auf den Balkon, stützt die Arme auf das Geländer und schaut lieber nicht nach oben, die Möglichkeiten der Sterne sind ihr zu beängstigend. Sie blickt auf den Spielplatz hinab, wo Jugendliche mit Bierflaschen auf den Schaukeln sitzen und halblaut lachen. Sie braucht einen neuen Lehrer, denn wenn sie keinen findet, gilt das Lachen vermutlich ihr.

Nichts Sie ist fünf, im besten Alter, das es gibt. Sie ist wendig, schlank wie ein Strohhalm und immer warm. Wenn sie etwas lustig findet, einen selbsterdachten Witz, den niemand sonst versteht, lacht sie hemmungslos. Ihre Augen sind klar, sie schaut jeden direkt an und zwinkert selten. Wenn man ihr ein Buch vorliest, legt sie dem Vorleser eine warme Hand auf das Bein, ohne es zu merken. Sie kann im Handumdrehen wütend werden, ein schäumender Zorn packt sie dann, und sie brüllt aus Leibeskräften, bis ihr die Haare verschwitzt in die Augen hängen, sie fegt Bücher vom Tisch oder ein volles Saftglas. Manchmal zerreißt sie sogar ein Bild, das sie gerade gemalt hat, oder schlägt den Kopf ihrer Puppe so heftig gegen die Wand, dass er aufsplittert. Genauso plötzlich kann sie dann von Verzweiflung geschüttelt werden oder, nach einigen Minuten völliger Stille, in heiterem Tonfall ein Stück Birne verlangen. Sie findet, dass sie alles Wichtige bereits kann. Sie schreibt schiefe Buchstaben auf Papierbögen, in Hefte und mit Stöckchen in den Sand hinter ihrem Haus, die nur sie selbst lesen kann. Sie liest auch Bücher vor, mit ernster Stimme, während sie regelmäßig die Seiten umwendet. Fahrrad fährt sie rasant, ohne Überblick und hingebungsvoll, bei Steigungen heult sie vor Wut, steigt aber niemals ab. Parkende Autos umfährt sie mit großzügigem Schwung; wenn sie ermahnt wird, doch näher am Rand zu fahren, schwenkt sie nach rechts und fährt so nah am Seitenstreifen, dass sie mit ihrem Lenker den Lack der parkenden Autos zerkratzt. Auf dem Gepäckträger hat sie mehrere Stofftiere festgeknotet, damit die auch mal an die frische Luft kommen. Im letzten Frühling hat sie in den Vorgärten der Nachbarn prächtige, struppige Blumensträuße zusammengepflückt und sie dann denselben Nachbarn für zwei Euro pro Stück angeboten. Die meisten haben sogar einen gekauft.

Sobald sie ein Baby sieht, beugt sie sich sanftmütig über das winzige Gesicht, kitzelt seine Backen mit ihren Haaren und erklärt wesentliche Zusammenhänge: wie sie heißt, dass sie groß ist, dass das Baby sicher auch groß werden wird und laufen lernt und wie froh es sein kann, wenn es dann allein zum Kindergarten gehen darf so wie sie. Wenn das Baby anfängt zu weinen, ist sie überzeugt, es spüre schon den Abschiedsschmerz – von ihr. Sie benutzt Wörter, die sie gerade erst gelernt hat, besonders häufig, vor allem dann, wenn sie schwierig sind. Die Sonne ist relativ warm, sagt sie, und wir gehen jetzt relativ bald raus, oder? Ein Lächeln der Erwachsenen erträgt sie in diesem Moment nicht. Abends sitzt sie am Esstisch und macht Schularbeiten, die die großen Schwestern ihr aufgemalt haben. Sie möchte gern benotet werden, aber wenn es eine Eins gibt, hätte sie auch gern mal eine Fünf, weil sie die Zahl mag – so alt, wie sie ist.

Wenn sie draußen hinfällt, weint sie erst, wenn sie die Treppe hoch und bis in die Wohnung gekommen ist, dann aber umso lauter.

Die Musik der großen Schwestern kennt sie auswendig und singt sie laut mit. Die englischen Wörter verschleift sie zu einem einzigen langen Satz.

Sie hat vor nichts Angst, außer davor, nicht mehr fünf zu sein.

Niemandsland Es gibt neue Entwicklungen, ständig neue Entwicklungen, das weiß er, und dagegen ist er ja gar nicht, es spielt auch keine Rolle, was er davon hält. Die Entwicklungen entwickeln sich ganz ohne sein Zutun, sie weisen in die Zukunft, an der auch er teilhaben wird, auch er wird sich entwickeln, er ist ein offener Mensch, offen für die Zukunft. Deswegen hat er einen Computer, seitdem er selbst Geld verdient, er hat alle Entwicklungen auf diesem Gebiet sorgfältig verfolgt und hält sich auf dem neuesten Stand, und abends sucht er sich, immer kurz vor dem Einschlafen, einen Ort auf der Welt, den er noch nicht kennt, und besucht ihn mit Google Earth. Der Vorrat an unbekannten Orten ist naturgemäß gigantisch, eine ungemein beruhigende Tatsache, die ihm für jeden Abend seines weiteren, hoffentlich langen Lebens ein seliges Einschlafen garantiert. Schon weiß er nicht mehr, wie er es vor der Erfindung von Google Earth in den Schlaf geschafft hat; einfach war es nie, er kommt eben unruhig von der Arbeit, ein leichtes Beben in der Kehle, vielleicht vom vielen Sprechen oder der Gewissheit, nicht alles geschafft zu haben, oder der Sorge, das Gespräch in der Teeküche mit dem Kollegen nicht strategisch genug geführt zu haben, oder mit dem leeren Blick einer freien Mitarbeiterin noch im Kopf, die ihn doch schon seit Jahren kennt und hätte grüßen müssen, ihn aber offensichtlich auf dem Gang nicht erkannt hat. Den Verstrickungen mit den anderen ist nicht anders zu entgehen als durch makellose Zurückhaltung und sekundengenaues Taktieren, und nach einer Konzentrationsspanne zwischen neun und elf Stunden – das Mittagessen ist keine Erleichterung, im Gegenteil muss er hier erst recht auf der Hut sein, weil wichtige Entscheidungen gerne kauend und mit erhobenen Gläsern gefällt werden – ist es kein Wunder, wenn ein Beben oder eine andere leichte Unpässlichkeit ihn daran erinnern, dass alles seine Grenzen hat, nur an Schlaf ist so natürlich nicht zu denken, und deswegen kann er es, nach einem raschen Bier und einem Joghurt, kaum erwarten, ganz woanders herumzustöbern.

Er ist nicht so einfach gestrickt, diese Ausflüge für ein Reiseerlebnis zu halten; er weiß, dass zu einer Reise eine Anfahrt und Eindrücke wie Gerüche, Geschmäcker und Ansichten gehören, für die Google Earth natürlich nicht zuständig ist, noch nicht, denkt er bei sich und freut sich an seiner Offenheit für kommende Entwicklungen. Außerdem hat auch er schon richtige Reisen gemacht, nach Dänemark mit den Eltern, flache heiße Felder mit roten und blauen Häuschen, nach London, wo ihm in einem verregneten Park ein Eichhörnchen aus der Hand fraß, in ein karibisches Tauchparadies, an das er sich vor allem wegen des bitterlichen Sandsturms erinnert, der überall eindrang, sogar in das gut isolierte Hotelzimmer, das er in der Nacht mit einer Tauchschülerin teilte, aber bevor sie sich überhaupt ausgezogen hatten, brach mit einem dunklen Sirren der Sturm aus, und Sand trieb durch die Luft, wirbelte über die Laken und lagerte sich im Teppich ab, sodass er auch Tage später noch beim Aufstehen das angenehme Gefühl hatte, direkt am Strand zu sein.

Bei Google Earth gibt es keinen Sand auf der Kopfhaut und in den Nasenlöchern, aber das Tauchparadies hat er sofort gefunden, und sogar den Stadtpark in London, in dem er vielleicht damals das Eichhörnchen herbeigelockt hat, schwärzlich braun war es anstatt fuchsrot. In den letzten Wochen hat er sich auf ihm unbekannte Orte verlegt und sich zugleich verordnet, nicht mehr als einen am Abend zu wählen, diesen einen aber etwas genauer auszukundschaften. Er war bereits in Island, Brasilien, Feuerland, Südaustralien, auf Madagaskar, an den Polen, in der Provence – aber nicht am Meer, wo alle hinfahren, sondern auf den sumpfigen Wiesen des Landesinnern, in den Rocky Mountains, es hat keinen Sinn, alles aufzuzählen, er hat sich anfangs die Orte notiert, um sich nicht zu wiederholen, aber bei einer durchschnittlichen Lebenserwartung von weiteren vierzig Jahren kann er sowieso nur bis zu 14 600 weitere Orte besuchen, vorausgesetzt, er hat den Rest seines Lebens Internetzugang, die Gefahr der Wiederholung ist also gering.

Eines Abends nach einem besonders erhebenden, weil unerwartet mit Erinnerungen behafteten Ausflug nach Estland – er sah die Birkenwälder, den ruppigen Oststeestrand und wusste plötzlich, dass er dort schon mit kurzen Hosen flache Kieselsteine gesammelt hatte, obwohl ihm weder ein Ortsname noch ein möglicher Grund für eine Estlandreise in den Sinn kommen wollte – genehmigt er sich nicht nur ein zweites Bier und ein weiteres Himbeerjoghurt, sondern auch, aber nur absolut ausnahmsweise, großes Indianerehrenwort, eine zweite Reise. Und bevor er lange überlegt, lässt er sich auf Googles kühl verpixelten Schwingen direkt in seine eigene Stadt bringen, von oben sieht er ihre Ausdehnung, ihre ausgefransten Ränder, er kann nicht sagen, wo genau sie endet, die Ränder interessieren ihn auch gar nicht, auf einmal spürt er ein heftiges, durstähnliches Verlangen nach seinem eigenen Viertel, seiner Straße, seinem Haus. Den Ausschnitt hat er gefunden, dort ist die Kirche, die er noch nie betreten hat, dahinter die Hochgarage und das Einkaufszentrum, eine Grünfläche, die ihm unbekannt vorkommt, und schräg hinter der Ausfallstraße müsste seine Wohnanlage auftauchen, aufgeregt beugt er sich vor, als ob er dann besser sehen könnte, aber näher kann er nicht kommen, es sieht fast so aus, als führe die Ausfallstraße durch Niemandsland, keine Häuser, nichts Gebautes, eine befremdliche ockerfarbene Fläche, als hätte jemand an genau der Stelle, an der er zu Hause ist, ein Stückchen Heftpflaster auf die Straßenzüge geklebt. Unwillkürlich reibt er mit dem Zeigefinger über den Bildschirm. Dann fährt er den Computer herunter und legt sich mit dem triumphalen Trotz des betrogenen Liebhabers auf das Sofa, wo er, entgegen seinen Erwartungen und mit einem beinah unerträglichen Durstgefühl, sofort einschläft.

R

Rauschen Der Sohn ist nun kein Kind mehr und seitdem von neuartigen Gefahren bedroht. Früher waren es die Kinderkrankheiten, Nächte hohen Fiebers, wenn das kleine Gesicht rot und feucht in den Kissen glühte; kleine Gegenstände, die das Kind sich in den Mund schob, Murmeln, Brotkanten, Legosteine, die sich in den Atemwegen querstellen und verhaken konnten; es waren scharfkantige Möbelstücke, Autos, Scheren und Büchsendeckel, hohe Mauern, auf denen das Kind um jeden Preis allein balancieren wollte, die Hand schlug es aus und machte dabei eine unwirsche Rückwärtsbewegung, die allein schon reichte, um ihren Atem stocken zu lassen. Es beugte sich gern über die Geländer von Leuchttürmen, Aussichtsplattformen und Hochständen, bis es beinahe den Halt verlor, sie hielt unauffällig immer eine Hand bereit, um es noch am Anorak oder im Nacken zu erwischen, sollte es vornüberkippen. Es rannte auch gern steinige, steil abwärts führende Pfade hinunter, sprang gewandt über Wurzeln und kleine Felsen, aber eine moosige Stelle, ein übersehener Stock hätten gereicht, um es zu Fall zu bringen. Es bremste sein Kinderrädchen immer erst in der letzten Sekunde ab, direkt am Bordstein, und schaute triumphierend über die Schulter, ob sie gesehen hatte, wie knapp es war. Auf Bäume kletterte es am liebsten mit Gummistiefeln, die ihm keinen Halt gewährten, und griff nach den dünnsten, brüchigsten Ästen. Sie wandte den Blick ab und vergrub ihre Hände in den Taschen, um sich nicht die Fingernägel zu ruinieren. Die Furchtlosigkeit des Kindes war erschreckend. Sogar wenn es sich wehgetan hatte und mit aufgeschlagenem Knie schluchzend im Flur saß, bis sie einen kühlen Lappen, Wundspray und Pflaster geholt hatte, beinahe erleichtert, dass nun endlich eine Verletzung eingetreten war, die aber nicht zum Tod des Kindes geführt hatte, fing es sich wieder, sobald das Pflaster klebte, fuhr sich mit dem Ärmel über die verweinten Augen und wand sich unter ihren Händen weg, zurück zum Baum, zu den anderen, zu den Backsteinen, zur Müllhalde, an den Marterpfahl.

Irgendwann verweigerte es den Fahrradhelm und die Knieschützer. Es sagte nicht mehr Bescheid, wohin sie liefen, und oft wusste sie stundenlang nicht, wo sie es finden konnte. Der Schulweg dauerte nun manchmal mehr als eine halbe Stunde, und wenn sie es dann beim zwanzigsten Blick aus dem Fenster endlich entdeckte, während sie fahrig in den Nudeln rührte, winkte es strahlend durchs Küchenfenster, als habe es sich nichts vorzuwerfen. Das hatte es ja auch nicht, es ging seinen Spielen nach und lebte ohne Sorgen, und wer hätte ihm das vorwerfen wollen.

Sie schenkte ihm eine Uhr, ein prächtiges wasserdichtes Ding mit Weckfunktion und Leuchtziffern, so groß und teuer, dass sie sicher war, es würde sie tragen. Aber die Uhr half nicht, es kam immer noch zu spät, wusste nun aber, wann es hätte da sein müssen.

Seine Fahrräder wurden schneller, der Schulweg weiter; die Freunde kannte sie nicht mehr alle, und bald gab es auch Mädchen. Sie schnupperte um ihn herum, wenn er abends von Festen oder nachmittags vom Fußballplatz kam, ob sie einen Hauch von Nikotin, einen Dunst von Drogen oder anderen Giften aufspüren konnte, aber er wich zurück und wollte auch nicht mehr umarmt werden, und so presste sie nur seine Kleider an ihr Gesicht, bevor sie in die Wäsche kamen, atmete tief ein, schämte sich ihres Verdachts und roch doch nur den sauren Achselschweiß eines Mannes, der neulich noch ein Kind gewesen war.

Je weniger er erzählte, desto mehr befürchtete sie. Auf Fragen nach dem Verlauf des Abends antwortete er nur noch einsilbig. Freunde mit nach Hause zu bringen lehnte er rundweg ab. Ein Motorrad wünschte er sich, aber die Freude konnte sie ihm nicht machen. Um sich ihren Sohn von der Straße kratzen zu lassen, war sie einfach nicht großzügig genug. Er flog mit Freunden nach Spanien, machte eine Skitour in den Bergen, probierte das Drachenfliegen aus und sparte auf Flugstunden. Seine Welt war jetzt so weit geworden, dass sie mit der Angst nicht mehr hinterherkam. Sie versuchte, nicht auf ihn zu warten, sie übte sich in Vertrauen, und wenn das Telefon klingelte, wühlte es in ihrer Magengrube. Sie verbarg es vor ihm, wenn er nach Hause kam, war sie munter, räumte um ihn herum, stellte keine Fragen und beobachtete aus den Augenwinkeln seine Gesichtsfarbe, wie ihm das Haar in die Stirn fiel und ob er unversehrt aussah.

Und wie war es so?

Gut.

Auch nachts blieb er nun manchmal weg, nur ungenaue Hinweise standen im Raum: Er war bei Freunden, sie spielten. Sie versuchte, sich Brettspiele oder Monopoly vorzustellen, auch wenn ihr klar war, dass es vermutlich um Spiele anderer Art ging. Wenn er am nächsten Tag eintrudelte, stoppelig und schweigsam, achtete sie darauf, möglichst nicht im Haus zu sein, sie ging laufen, verabredete sich mit Freundinnen, sie tat alles, was man tun muss, um ein eigenes Leben zu führen.

Auf der Abiturfeier stand sie mit anderen frisch frisierten Eltern zusammen und lauschte dem Schulorchester und den Ansprachen, aber immer wieder rutschte ihr Blick hinüber zur Cafeteria, wo er an einem der weiß eingedeckten Tische mit einem langbeinigen Mädchen saß, das sie noch nie zuvor gesehen hatte, die eine Hand auf ihrem Knie, mit der anderen fingerte er an ihr herum, zumindest war Knutschen nicht gefährlich, sagte sie sich und wandte sich wieder den anderen Eltern zu, die die Zukunftspläne ihrer Kinder abglichen und so viel Sekt tranken, dass sie nicht mithalten konnte. Leicht benebelt ging sie nach Hause, ohne ihn, sie hatten sich zugewunken, mehr gab es nicht für sie, und nach dem Sommer zog er in eine andere Stadt, um das Studium zu beginnen.

Die Angst um ihn ist zu einem leisen Rauschen geworden, das in ihr murmelt, ein sachtes Ziehen, ein vertrauter Schmerz, der nicht mehr wehtut.

S

Schäfchen Ihr wird schon nichts geschehen, weil Unkraut nicht vergeht, weil sie damals bei dem furchtbaren Fahrradsturz auch nur einen Kratzer abbekommen hat und weil man sich selbst nicht allzu wichtignehmen sollte. Aber morgens mit dem ersten Blick aus dem Fenster fürchtet sie um den Briefträger, der heute fahl aussieht und sein Rad nachlässig abstellt, sodass es ihm entgegenkippt, gerade noch kann er es auffangen; sicher hat er nicht schlafen können und ist nun unaufmerksam, dem Verkehr ausgeliefert, den sich plötzlich öffnenden Türen parkender Autos, in die er hineinkrachen und auf den Asphalt stürzen könnte, kein Helm auf dem Kopf, sein Schädel wird aufspringen wie eine geknackte Walnuss. Sie wendet den Blick ab, aber auch ohne hinzuschauen, spürt sie den wackligen Schritt des Briefträgers von Briefkasten zu Briefkasten und auch schon die nächste Gefährdung, die alte Dame mit dem kleinen weißen Hund, der zwar nicht viel Kraft hat, mickrig wie er ist, sich aber in die Leine wirft wie ein Wolfshund, der Oberkörper der Dame ruckt nach vorne, ihr Arm strafft sich über die Maßen, sie ist diesem Hund nicht gewachsen und lässt sich von ihm über die Straße zerren, ein solcher Hund ist keine gute Begleitung für jemanden, der sich auf seinen dürren Körper nicht mehr verlassen kann, natürlich hat sie ihn, damit sie nicht allein sein muss, aber an die Gefahren hat sie nicht gedacht.

Bei ihr selbst ist es andersherum, sie ist allein und angstfrei, und wenn sie die Augen schließt, sieht sie auch die ruckartigen Schrittchen der alten Dame nicht mehr und kann versuchen, sich zu beruhigen. Nur kann sie mit geschlossenen Augen nicht nach draußen gehen, muss sie also wieder öffnen und sich immer wieder von Neuem wundern, wie viele Menschen ihren Tod in Kauf nehmen, sie gehen bei Rot über die Straße, sie gehen überhaupt über die Straße, sie gehen unter Baugerüsten durch und laufen über nur locker aufgelegte Gullideckel, sie stürzen Treppen hinauf und herunter, als hätten sich noch nie Schuhbänder verfangen, sie schlagen Türen zu, drängeln sich kichernd auf den Bahnsteigen, während der ICE kaum gebremst einfährt, eine unbezwingbare Stahlmasse, Sog des Fahrtwindes, der jeden von ihnen an sich reißen und unter die malmenden Räder schleudern kann. Wenn die Sonne scheint, brennt sie sich in die weiße Haut der Kinder, frisst sich in die Zellen hinein, die vielleicht verschmiert sind von der Sonnencreme des Vorjahres, aber schützen wird das niemanden. Sie sieht, wie die Kinder dem Ball hinterherrennen und auf Inlinern durch die Sonne fahren, die ihnen auf den Fuß folgt und jeden gnädigen Schatten tilgt. Sie sieht, wie die Mütter ihre Kinderwagen über die Bordsteine schieben, mit gedankenlosem Schwung, es kommt ihnen nicht in den Sinn, dass ein Stoß ihre Kinder aus dem Wagen und in hohem Bogen auf den Asphalt schleudern könnte, ihre weichen Köpfe könnten genau auf die Kante treffen und zerbersten, es ist unwahrscheinlich, aber jederzeit möglich.

Sie sehen es nicht, sie trinken wie die Dromedare aus ihren riesigen Bechern, die ihnen die Sicht versperren, blindlings rennen sie durch die Welt, und weil sie alles sieht, muss sie in jedem Augenblick auf sie alle achtgeben. Durch ihre Augen schaut Gott auf seine verlorenen Schäfchen. Er kann sie nicht von den Schienen holen, aber allein dass er schaut, hat schon so manches gerettet. Schon gegen Mittag ist sie von dieser Aufgabe so erschöpft, dass sie nach Hause zurückkehren und die Jalousien schließen muss. Auch beim Niesen, wenn sich die Augen reflexartig schließen, oder nachts, im Schlaf von ihrer Aufgabe entbunden, muss sie die Menschen ihrer Leichtfertigkeit überlassen. Morgens in der Zeitung liest sie dann von den Folgen und krümmt sich über dem Kaffee. Schuld ist Gott. Also sie.

Schätze Wegwerfen darf man nichts, denn man weiß nicht, was man noch brauchen wird, es gibt für alles den passenden Moment, für das Stück Kordel, den alten Schlüssel, die Verlängerungsschnur, für die Schattenmorellen im Glas, auch wenn die schon eine Weile abgelaufen sind, schmecken werden sie noch. Sie weiß genau, wo alles ist, sie findet alles, nur einen Augenblick, einige Kartons verschieben, die Trittleiter ans Regal, in der hinteren Kiste, die noch nicht einmal beschriftet ist, sie weiß es auch so. Sie hätte für jede Notlage etwas parat, für Schürfwunden (Pflaster, Kinderpflaster, Verbände, Desinfektion, Alkohol, Arnika), Lampenfieber (Baldrian, Lavendelkaugummi, Kopfmassagekrauler, klassische Musik), Langeweile (Fotoalben, Bastelpapier, Bücher, Gesellschaftsspiele, Kartenspiele, Reisesouvenirs, Fingerspiele, Hüpfgummis, Bauklötze, Schießgewehre, Illustrierte, Knetgummi, Masken, Marionetten, Musikinstrumente, Kostüme), für Albträume, Flugangst, Magenschmerzen, Einbrüche, Erdbeben, Bankrott, Liebeskummer.

Es ist schade, dass so wenige Leute von ihren Schätzen wissen. Es könnte so nützlich, ja lebensrettend sein, sie zu kennen. Sie hat in den Eingang eine Skizze gehängt, nicht für sich selbst, denn sie kennt sich blindlings aus, sondern falls ihr etwas zustößt und jemand anderer sich in ihrem Haus zurechtfinden muss. Sie geht so selten wie möglich auf die Straße, weil sie bei jedem Gang neue nützliche Dinge findet, die sie dann verstauen und ihrem Gedächtnis einprägen muss, ein aufwendiges Verfahren, das sie nur dann auf sich nimmt, wenn es unbedingt nötig ist: wenn die Milch oder das Brot ausgehen.

Gestern hat sie beim Gang zum Bäcker zwei makellose Schraubverschlüsse aus blauem Plastik gefunden, die einzusortieren ihr nicht schwerfiel, weil sie bereits drei Kästen mit Schraubverschlüssen in verschiedenen Farben angelegt hat, die allen zugutekommen, die den Deckel ihrer Trinkflasche verloren haben. Ab und zu spricht sie ihre Nachbarn an, ob ihnen etwas fehlt, im Haushalt oder bei der Gartenarbeit oder überhaupt, ob sie etwas brauchen, und jedes Mal blicken die Nachbarn, freundliche Leute, die ihr die Hecke schneiden, wenn sie darum bittet, sie verständnislos an.

Was denn brauchen?

Was Ihnen eben fehlt. Ihnen fehlt doch sicher irgendetwas. Ich könnte Ihnen bestimmt helfen.

Die Nachbarn mustern sie misstrauisch, obwohl sie sich über die Jahre an die Frage hätten gewöhnen und sich mit einer ehrlichen Antwort das Leben hätten erleichtern können, aber niemand gibt gerne zu, dass ihm etwas fehlt. Sie bückt sich nach einer kleinen Feder zwischen den Kieselsteinen, streicht sie zwischen den Fingern glatt und steckt sie in die Tasche ihres Anoraks. Sie kauft nur Jacken mit großen

Taschen, in denen sie ihre Fundstücke sicher verwahren kann.

Schon gut, sagen die Nachbarn, nett, dass Sie fragen.

An einem Samstag kommt die Nachbarin herüber und klingelt. Das ist noch nie zuvor passiert. Außer dem Postboten klingelt niemand. Die Nachbarin wünscht ihr ein schönes Wochenende, als wollte sie sich gleich wieder verabschieden, aber sie weiß schon, dass sich ein Mangel aufgetan hat, und fragt wie eine Ärztin, mit einem leichten Zittern in der Stimme, was fehlt Ihnen denn.

Ja also, sagt die Nachbarin, wir wollten heute Abend einen kleinen Diaabend machen, wissen Sie, nicht mit dem Computer wie die jungen Leute, so richtig schön mit dem Projektor und unserer Leinwand, Urlaubsbilder, Sie wissen schon.

Sie fährt nie in Urlaub und weiß nichts davon, aber sie nickt, um endlich den Mangel zu erfahren, den sie beheben wird, ein Moment, auf den sie gut vorbereitet ist.

Und jetzt hat mein Mann schon mal den Projektor aufgebaut, und er tut nichts, und wir glauben, es liegt an der Glühbirne, aber das ist keine normale Birne, sondern so eine altmodische, und vielleicht – vielleicht haben Sie ja eine, wir dachten nur, wir wollten Sie ja gar nicht stören, wir dachten eben nur, Sie haben vielleicht auch noch ein paar altmodische Sachen, so wie wir.

Während die Nachbarin immer noch an der Tür steht und sich ausführlich entschuldigt, ist sie längst ins Innere des Hauses vorgedrungen, sie muss in den ersten Stock, ins zweite Zimmer, in dem früher die Tochter gewohnt hat, da sind die Kisten mit den Elektroteilen, Kabeln, Steckern und Glühbirnen. Einen Moment, ruft sie noch, sie kann die Nachbarin nicht hereinbitten, weil sie auf etwas treten oder sich an einer Kiste oder einem Stapel stoßen wird, sie kennt die Pfade nicht und wird alles durcheinanderbringen. Gleich wieder unten, ruft sie und zieht einen Karton nach dem anderen aus dem Regal, mehrere Bügeleisen, ein Bündel Taschenlampen, säckeweise Batterien, geordnet nach frischen und gebrauchten, Elektronikzeitschriften, fünf Lötkolben, Kabeltrommeln, Isolierband, Leselampen, Mehrfachstecker, zwei neue Laptops, eine unbenutzte Eismaschine, Reisewecker und Radiowecker, dahinter sind die Glühbirnen, sie weiß es und sie hat recht, triumphierend hält sie den Kasten in den Armen, natürlich ist er verstaubt, sie bläst die Spinnweben weg und trägt ihn behutsam nach unten.

So, ruft sie von der Treppe aus und spürt, wie ein breites Lächeln ihr Gesicht so heftig auseinanderzieht, dass es beinahe schmerzt, das hätten wir, aber als sie sich zwischen den Jackenständern und den afrikanischen Trommeln zum Eingang vorangearbeitet hat, ist die Nachbarin verschwunden. Sie stößt, die Kiste in den Armen, die Tür mit dem Ellbogen weit auf. Sie hat die Glühbirnen ja gefunden. Draußen ist es auf einmal dunkel geworden, die Zeit ist wie im Flug vergangen. Sie stellt die Kiste mit den Glühbirnen gleich neben die Tür, dann ist sie griffbereit, wenn die Nachbarin zurückkommt.

Schleim Sie sind ein Paar, leben aber nicht zusammen. Natürlich sehen sie sich, und nicht nur an den Wochenenden, sie verbringen ganze Tage miteinander im Schnee, beim Segeln, einen dreiwöchigen Tauchkurs haben sie gemacht und einen Freeclimbing-Kurs, sie sind unternehmungslustig und neugierig auf die Welt und aufeinander. Die Zeiten, in denen sie arbeiten, einkaufen, Wäsche waschen und das Bad putzen, halten sie frei voneinander, das ist nicht nur praktisch, sondern vor allem förderlich für die Liebe. Niemals sehen sie sich mit Schweißflecken unter den Armen, verrotzter Nase oder nervös tänzelnd in einer Supermarktschlange, sie kennen sich nicht fluchend im Stau und nicht rempelnd in der U-Bahn, nicht nach Münzen suchend im Parkhaus, Mücken jagend im Schlafzimmer oder gähnend am Bügelbrett. Wenn sie sich ansehen, haben sie den Blick frei füreinander, nichts Unwesentliches schiebt sich zwischen sie, sie haben alle Zeit der Welt für die Liebe, die, aus Nächten, Ausflügen, Sonntagsbrunch und Konzerten bestehend, sehr viel anmutiger und unverwundbarer daherkommt als bei allen anderen Paaren, die sie kennen. Darauf erheben sie immer wieder das Glas.

Nur seine Lungenentzündung im Spätherbst, die zum Glück wieder fast vergessen ist, hat ihnen einen Strich durch die Rechnung gemacht. Schon den gemeinsamen Sonntag hat er durchgehustet, sodass der geplante Kinobesuch ausfallen musste; sie waren aber nicht enttäuscht, sondern saßen unter einer flauschigen Decke, massierten sich die Füße und genossen den ruhigen Abend, der nur von seinem zunehmend gepressten Husten punktiert wurde, er bekam dann auch Fieber, ein ihr ganz ungewohnter Anblick, sein an den Wangen gerötetes, an den Nasenflügeln feuchtes Gesicht, er war etwas abwesend, nicht bei ihr jedenfalls, eine unschöne Zerstreutheit, die sich aber mit seiner Krankheit entschuldigen ließ.

Am nächsten Morgen reiste sie früh zurück in ihre Stadt, nicht ohne ihn noch aus dem Zug mehrmals anzurufen, was eigentlich sonst zwischen ihnen nicht üblich war, aber er meldete sich gar nicht.

Er lag hustend auf dem Sofa, ins Bett hatte er es diese Nacht gar nicht geschafft, weil seine Beine auf eine Weise unter ihm wegsackten, wie er es nur aus den wenigen Stunden völliger Trunkenheit und von den seltenen Krankheitstagen seiner Kindheit kannte. Einmal war er zum Klo gekrochen und hatte sich danach zitternd vor Erschöpfung auf dem Sofa zusammengerollt. Als draußen endlich der Tag begann, wollte er sich bei der Arbeit krankmelden, aber schon der Gedanke daran, die Hand auszustrecken, das Telefon zum Ohr zu heben und Tasten zu drücken, war unvorstellbar. Bald wusste er nicht mehr, wie spät es war oder was überhaupt zu tun war; er hustete, holte langsam Luft und hustete wieder. Dass gelegentlich das Telefon klingelte, war ihm so gleichgültig wie alles andere auch; das einzig Bedeutungsvolle war der nächste Atemzug, dann der Husten, der ihm die Rippen auseinanderstieß, dann wieder atmen. Irgendwann, da war es schon wieder dunkel, griff er mit gewaltiger Anstrengung nach dem Telefon und rief den Notruf. Als die Sanitäter die Treppe hocheilten, fanden sie seine Wohnungstür geöffnet und ihn zusammengerollt auf dem Fußabtreter, hustend. Nach wenigen Tagen in der Klinik schlug die Antibiose an, der Husten ließ nach, man zeigte ihm Atemübungen mit einem aufblasbaren Gummiball und gab ihm schleimlösende Mittel, und nach dem abschließenden Röntgenbild entließ man ihn nach Hause, wo er sich gleich auf dem Sofa ausstreckte. Niemals mehr würde er, das fühlte er mit großer Sicherheit, durch die Straßen gehen, sich eine neue Hose kaufen und unter den Lindenbäumen am Marktplatz einen Kaffee trinken; er könnte es gar nicht schaffen, und er würde es auch nicht wollen.

Da erst kam sie ihm in den Sinn, während der Tage in der Klinik hatte er nur flüchtig an sie gedacht, zu beschäftigt war er mit dem Husten, den Infusionen und dem Stöhnen des alten Herrn neben ihm. Wenn er nicht mehr durch die Straßen schlendern könnte, wie sollte er die Tage mit ihr dann verbringen, welche Arten des Zeitvertreibs könnte es geben, die für ihre Art der Gemeinsamkeit überhaupt infrage kämen. Müde schaute er auf die Fleecedecke, mit der sie sich am letzten Abend vor der Krankheit die Waden gewärmt hatten, er wusste, dass die schwächliche Häuslichkeit, in die er seit über einer Woche hineingeraten war, Gift für ihre Liebe war, er musste sich das abgewöhnen, auf einmal fürchtete er, für immer blass, abgestanden und zittrig bleiben zu müssen und sich damit ab sofort für die Liebe disqualifiziert zu haben. Er musste sie anrufen und ihr das mitteilen oder, vielleicht besser, es ihr nicht sagen, sich etwas ausdenken, sie hinhalten, dann würde sie nichts merken. Wenn das Telefon klingelte, meldete er sich nicht; den Anrufbeantworter hatte er abgeschaltet.

Nach zehn weiteren Tagen auf dem Sofa, mit gelegentlichen Gängen zum Laden an der Ecke und einem Besuch des Pastoralreferenten, den er offensichtlich der Klinik zu verdanken hatte, zog er sich zum ersten Mal wieder ordentliche Kleider über und rief sie an, voller Sorge, sie könnte ihn in die Wüste schicken, es wäre verständlich, er wusste nicht, wie er reagiert hätte. Sie meldete sich, kaum überrascht, fragte nur, ob es wieder ginge.

Ich war krank, sagte er, schwer krank, und er wollte ausholen, aber sie unterbrach ihn.

Das dachte ich mir, sagte sie, gut, dass es dir besser geht. Wann sehen wir uns? Sie verabredeten sich für die kommende Woche. Seitdem nahm ihre Liebe wieder ihren Lauf, ungestört, beinahe als sei nichts gewesen.

Schlussverkauf Sie befürchtet, nicht das Richtige zu kaufen. Wenn sie genug achtgibt und sorgfältig überlegt, kann es ihr auf jeden Fall gelingen, den genau passenden Gegenstand zu finden, mit dessen Hilfe sich alles zum Guten wenden wird. Sie darf nur nicht auf falsche Verlockungen hereinfallen, was leichter gesagt ist als getan, denn wie kann sie das Richtige vom Falschen unterscheiden, wenn doch das Falsche oft im scheinbar passenden Gewand daherkommt, einleuchtend, tröstlich, sie jedoch schließlich wieder enttäuscht zurücklässt.

Sie kennt es, oft hat sie es schon erleben müssen: der Gang ins Kaufhaus, früher, als sie noch mehr Geld hatte, in die Boutiquen, aber auf Kleidung läuft es nicht zwangsläufig hinaus, wenn es so einfach nur wäre. Viel eher sind es in den letzten Jahren Dinge, die ungewohnte Verrichtungen verheißen: eine lichtstarke, wasserdichte Stablampe aus Edelstahl, die nur in tiefer Nacht und undurchdringlichem Dickicht zum Einsatz kommen kann; eine Handkurbel mit Klemmvorrichtung, in die Ostereier oder andere zerbrechliche Kleinode eingespannt werden können, um rundum verziert zu werden; ein kleiner, kompakter Mörser aus Bronze, in dem sie Gewürze zerstoßen könnte, die sie noch nie besessen hat, um damit Gerichte aus fremden Ländern zu kochen. Dieser Mörser könnte dazu führen, dass rätselhaft duftende Schüsseln auf ihrem Tisch stehen, bis zum Rand gefüllt mit lockeren Reispyramiden, goldenen Saucen und herbfleischigen Festlichkeiten, genossen und gepriesen von Gästen, die mit erhitzten Gesichtern ihr Glas auf die Köchin erheben, ja, er muss sogar dazu führen, denn wozu sonst ist er bestimmt, und so kauft sie ihn, um ihn und sich ihrer Bestimmung zuzuführen, wartet aber noch mit der Anschaffung der Gewürze, weil sie sich erst einlesen muss, und als sie endlich Bescheid weiß, ist der Mörser im Küchenregal eingestaubt und der Duft der Möglichkeit schon verflogen. Also liegt es nicht am Mörser, sondern an ihr, ihrer Zögerlichkeit, ihrer Langsamkeit, der Kauf war berechtigt, aber die Käuferin nicht. Sie muss etwas auswählen, wozu sie sich aufschwingen kann, sie muss vielleicht einen Hochleistungsstaubsauger kaufen oder ganz auf die Schönheit setzen, eine Statue, ein Bild, das sie ohne weitere Vorbereitungen erheben und verändern kann, sodass sich endlich alles zum Guten wendet.

Aber Bilder sind teuer und heutzutage zumeist in

seltsamen Farben gehalten, ohne dass man viel erkennen könnte, und sie weiß nicht, ob sie bereit ist, sich für ein buntes, eingerahmtes Gekritzel zu entscheiden, das natürlich auch wieder auf eine Enttäuschung hinauslaufen kann, so wie alle anderen Dinge vorher auch, wenn sie ehrlich ist.

So geht sie durch die Läden, steht vor den Auslagen und versucht, in sich hineinzuhorchen. Vielleicht ist es zu spät, vielleicht hat jemand anders längst zugegriffen, oder das Ding ist im letzten Schlussverkauf über die Theke gegangen, und jemand anders besitzt es nun und hat gut lachen.

Spargelspitze Sie hat sich in der Feindschaft der Sonne besser eingerichtet als die meisten. Die Sonne ist nicht furchtbar, auch wenn sie dein Gesicht verbrennt, bis es sich rötet, Blasen wirft und sich an den Rändern löst. Am besten ist es, sich an wolkenlosen Tagen ganz vor ihr zu verbergen. Im Sommer bleibt sie in der angenehmen Kühle ihrer abgedunkelten Wohnung. Einkäufe werden von den ahnungslosen Nachbarn erledigt, die in das Sonnenlicht eintauchen, als sei es Luft oder Liebe, vergnügt und verletzlicher, als sie jemals wissen werden. Im Haus weiß man, dass sie an einer Sonnenallergie leidet und deswegen die Wohnung nicht verlassen kann, alle helfen ihr, bringen Brot, Milch und Klopapier, eben das Nötigste. Wenn sie mit den Tüten in die Wohnung kommen, dünsten sie den scharfen Sommergeruch aus, vor dem sie sich immer schon gefürchtet hat, es ist nicht nur Schweiß, sondern auch diese Mischung aus Sorglosigkeit, Sonnenmilch, kurzen Nächten und Waghalsigkeit.

Du Arme, dass du gar nicht vor die Tür kommst. Wie blass du bist.

Sie nickt stolz und fährt sich sacht über die Arme, so weiß wie Milch, auch ihr Gesicht ist von der zarten rosa Blässe einer frischen Spargelspitze. Sie mustert die wildbraunen Nachbarn mit ihren knappen Röckchen, den Sonnenbrillen im Haar, ihre schlenkernden Bewegungen, mit denen sie möglichst viel Sonne einfangen wollen, ohne zu ahnen, dass sie verglühen werden, nicht jetzt vielleicht, aber noch ist niemand davongekommen.

Selbst im Winter, wenn er dann endlich da ist, geht sie nur selten vor die Tür. Zwar kann die Wintersonne ihr nur wenig anhaben, mild und kraftlos, wie sie ist, aber sie hat keine Übung mehr darin, sich draußen in den Strom der Geschäftigkeit einzuspeisen, der so viele Monate glühend an ihr vorbeigerauscht ist. Lustlos und schon nach wenigen Schritten erschöpft, erledigt sie in den Geschäften dies und das, bringt die Bettlaken in die Reinigung und geht auch, weil sie schon seit dem Hochsommer ein Ziehen im rechten hinteren Backenzahn verspürt, zum Zahnarzt.

Warum sind Sie nicht eher gekommen, sagt er im Vorgespräch, ohne eine Antwort zu erwarten, Zahnschmerz erledigt sich selten von alleine, und er bittet sie auf den Behandlungsstuhl, senkt sie ab und kippt sie schräg nach hinten, gleich bekommen Sie die Betäubung, und er greift schräg über sich und zieht einen riesigen Scheinwerfer zu sich heran, den er direkt auf ihr Gesicht richtet, das Sonnenauge, das sich in ihre Haut einbrennen wird, bis sie platzt.

Springkraut Allmähliche Versteinerung ist keine von den Kassen anerkannte Erkrankung. Bei ihm hat sie schon in der Kindheit begonnen, ohne dass jemand wusste, was es zu bedeuten hatte, wenn er mitten im Sprung schwer wurde und ungelenk auf die Füße krachte, oder wenn er dem Ball nachlief und plötzlich hinschlug, weil eine steinerne Schwere wie ein gewaltiger Schlag durch seine Beine fuhr, oder wenn beim Blockflötenvorspiel plötzlich seine Finger über den Löchern erstarrten und er mit hoch erhobener Blockflöte da stand wie ein eingefrorener Engel, die Gesichter seiner Eltern noch stolz durchglüht. Hinterher, als sie kopfschüttelnd und besorgt um ihn herumstanden, versuchte er, ihnen zu beschreiben, wie es sich anfühlte. Sie hielten es für Lampenfieber, aber die Fußballwiese war keine

Bühne, und dort passierte es genauso. Wachstumsschmerzen, vermutete der geduldige Hausarzt und zwinkerte den Eltern zu, als wollte er sagen, irgendwie müssen wir es ja nennen, sicher hört der Kleine schon bald wieder auf mit diesem Theater.

Dann wurde es eine Weile besser, er lernte Gitarre statt Flöte und hatte einen prächtigen Lockenschopf, verliebte sich regelmäßig. Alle Prüfungen in der Schule verliefen vorhersehbar, nichts hinderte ihn am Abitur, und in der mündlichen Geschichtsprüfung ließ ihn seine Zunge nicht im Stich, sondern schlug in schöner, ordnungsgemäßer Regelmäßigkeit gegen die Zähne und das Palatum, um angemessene Antworten hervorzubringen. Erst bei einer Tagung des Historikerverbandes, dem er schon als Promotionsstudent angehörte, bemerkte er während eines Referats, das er vor einer Gruppe von etwa zwanzig Kollegen zu halten hatte, die Versteinerung wieder und erkannte sie sofort.

Zwar konnte er noch sprechen, aber Handbewegungen waren auf einmal unmöglich, zu schwer war das Gewicht der Finger, und er schaute rasch auf seine Hände, um sicherzugehen, dass sie noch zu ihm gehörten. Er brachte das Referat in merkwürdiger Bewegungslosigkeit zu Ende und eilte rasch nach draußen an die frische Luft, wo ihm einer der Kollegen eine Zigarette anbot. Ja, gern, sagte er und wollte sich eine nehmen, konnte aber den Arm nicht heben. Ist alles in Ordnung, fragte der Kollege besorgt und beobachtete seinen Versuch, den betonschweren Arm in die Höhe zu bekommen. Er lachte und versuchte, mit ein paar Anmerkungen zum Thema der Tagung von sich selbst abzulenken. Nach einigen Minuten spürte er, wie sich die Finger wieder erwärmten und allmählich Bewegung in die Handgelenke kam, die Muskeln arbeiteten wieder, und nun hätte er jonglieren oder Tennis spielen können, nur war nun keiner mehr da, dem er die zurückgewonnene Leichtigkeit hätte vorführen können, der Kollege war wieder zurück in die Konferenzräume geschlendert, und es gab kaum noch Raucher, die sich draußen die Zeit vertrieben hätten.

Von da an versteinerte er wieder regelmäßig und länger als früher. Wenn es abends passierte, konnte er den Zustand, vorausgesetzt, er hatte sich schon die Zähne geputzt und die Kleider für den nächsten Tag zurechtgelegt, nutzen, um in einen ungewohnt tiefen Schlaf zu geraten. Er hielt dann einfach still, spürte die Schwere seiner Gliedmaßen und brachte die Gedanken in eine passende Verlangsamung. Sorgen bereitete ihm der Wunsch, eine Frau mit nach Hause zu bringen und sich im Bett mit ihr zu vergnügen. Wenn im unpassenden Augenblick die Versteinerung einsetzte, könnte er sich nur noch auf liebevolle Blicke und langsames Nicken oder Kopfschütteln beschränken, eindeutig zu wenig für ein erfüllendes Liebesspiel, das war ihm klar. Also ließ er es bleiben und verbrachte die meisten Abende lieber allein am

Schreibtisch, wo er der Versteinerung besser, nämlich mit dem Einstellen aller Tätigkeiten, begegnen konnte.

An der Universität spezialisierte er sich auf spätmittellateinische Predigttexte, die in seltenen Handschriften vor sich hin schlummerten. Er suchte und fand auch die entlegensten Quellen, hockte in Archiven und ließ sich die Bände auf kissenartige Leseunterlagen aus Schaumstoff heben, wo er die Seiten mit behandschuhten Fingerspitzen vorsichtig wendete und makellose Transkriptionen anfertigte. Niemand bemerkte seine Phasen der Starre; er blieb einfach an seinem Platz, den Kopf in die Hand gestützt, der Stift schwebend über dem Papier, bis sein Körper schmolz und die Hand wieder langsam anfing zu schreiben.

Als ihm bei einer Busexkursion mit den Kollegen ins benachbarte Elsass, wo man in einem Kloster Handschriften bewundern und dann bei einem guten Essen den lieben Gott einen guten Mann sein lassen wollte, die junge Kollegin von der frühen Neuzeit, die gleich auf den freien Platz neben ihm gedrängt war, als gälte es, Konkurrenten zu vertreiben, eindringliche Fragen nach der Mündlichkeit der Predigttradition und der Regionalität der schriftlichen Zeugnisse stellte, schlug ihm auf einmal eine Wärme in die Kehle, die ihn überraschte. Er fühlte sich befeuert, debattierte mit der Kollegin, die weizenblonde, störrische Haare hatte und ihm ständig in die

Augen sah, über Vernakulare und Oralität, ihre Ellbogen berührten sich auf der Armlehne, und kein einziges Mal fürchtete er, während des Gesprächs zu versteinern, er dachte nicht einmal daran. Im Kloster standen sie beieinander, ließen das Rudel der Kollegen vorangehen und redeten weiter; den Flammkuchen in der elsässischen Wirtschaft teilten sie. Inzwischen redeten sie über ihre Doktorväter und die Examenszeit, über Referatsgruppen und das Mensaessen, er verriet ihr, dass er eine gute Fischsuppe kochen konnte, und sie erzählte ihm von ihren Gitarrenstunden, immer mehr Gemeinsamkeiten brachen auf wie Springkraut im Juni, und noch immer blieb alles an ihm geschmeidig und beweglich, der ganze Tag ein leuchtender Fluss, der sie trug und in einen leicht benebelten Abend spülte, als der Bus auf dem Parkplatz der Universität zum Stillstand kam und sie in der Dämmerung standen und plötzlich aufhörten zu reden. Jetzt fragen, ob sie noch etwas trinken wolle, ob er sie auf eine Fischsuppe einladen dürfe, ob er ihr auf der Gitarre ein paar Akkorde zeigen solle, sie lehnte am Reisebus, während die Kollegen sich noch auf ihren Handys Fotos zeigten und kommende Konferenzen besprachen, und sinnierte in den Abend hinein. Schon öffnete er den Mund, aber genau da gefror sein Kiefergelenk, die Starre legte sich auf sein Gesicht und sackte ihm in die Hände, er konnte sich nicht abwenden und keinen Laut hervorbringen, nur die Augen schloss er noch und wartete. Er hörte das Lachen und Reden der anderen und ihr Schweigen, das sich aufstaute und bei ihm anklopfte, aber er konnte die Lider nicht heben. Nach einer Weile wurde es still um ihn herum, seine Nase begann zu jucken, und als er unwillkürlich die Hand hob, um sich zu kratzen, geriet er wieder in Bewegung. Er riss die Augen auf. Der Parkplatz war leer, die Kollegen verschwunden, auch sie. Er hob und senkte die Schultern, streckte die Arme und biss sich auf die Lippen. Langsam drehte er sich um, schulterte seine Tasche und ging los, da rief jemand von hinten, du bist ja noch da! Ich habe nur schnell meine Gitarre geholt.

Stallwärme Er setzt alles daran, niemals zu verlieren. Zweiter oder Dritter darf er werden, solange es mindestens vier Mitspieler gibt. Mit einem allein spielt er gar nicht, es ist zu riskant. Überhaupt könnte er die Spieleabende ja auch meiden, die Gefahr der Niederlage einfach umgehen, niemals spielen, abends lieber gemütlich im Bett lesen, einen trinken mit dem Nachbarn, der auch keine Frau hat, oft im Treppenhaus herumsteht und an den Briefkästen herumfuhrwerkt, bis er einen Gruß oder ein kleines Gespräch abstaubt, der will sicher nicht gewinnen, der will nur etwas Stallwärme, und das ist nicht strafbar. Auch beim Spiel zu verlieren ist nicht strafbar, im Gegenteil: Hat nicht Jesus gesagt, die Verlierer seien die Ersten im Himmel und Gottes liebste Kinder? Also können ruhig alle anderen verlieren, bis sie schwarz werden, Gott wird sie umso mehr lieben, und die Konsequenzen gelten ja nur für ihn.

Er ist also der Einzige unter Gottes Sonne, der niemals spielen sollte, und gerade er kann die Finger nicht davon lassen, etwas anderes will ihm einfach nicht einfallen. Er hat es ja versucht, hat dem Nachbarn Stallwärme geschenkt, mit ihm einen Abend lang viele Biere getrunken und über den Lauf der Welt geplaudert, aber irgendwann verlief das Gespräch im Sande, und er war kurz davor, ein Spielbrett hervorzuholen, eine Runde Mensch-ärgere-dich-nicht vielleicht oder Halma, Mühle, aber es war zu gefährlich, es gab nur ihn und den Nachbarn, und einer würde verlieren müssen. Er hat also die Hände auf der Tischplatte gefaltet und den Nachbarn mit kaum verhohlener verzweifelter Langeweile angestarrt, der Nachbar hat verlegen im Zimmer umhergeblickt und nach neuem Gesprächsstoff gesucht, und weil ihm auch nichts mehr einfiel, hat er nach einem frischen Bier gefragt und so den Abend unerbittlich ins Unendliche verlängert. Seitdem muss sich der Nachbar woanders Gesellschaft suchen. Er dagegen trifft sich alle paar Abende mit der Spielerunde, den ewigen Mitspielern, die jedes Spiel, das jemals erfunden wurde, schon zehnmal gespielt haben, so wie er selbst, alte Zocker vor dem Herrn, keiner von denen will reden, Bier trinken sie zwar, aber es ginge auch ohne. Jemand bringt Skat oder ein Brettspiel mit, sie bauen alles auf, und das Zittern steigt schon in ihm hoch, eine leichte Schlottrigkeit der Gliedmaßen, die sich vor allem bemerkbar macht, wenn er aufsteht und ein Bier holt oder Erdnüsse. Die ersten Runden kann er es noch beherrschen, anfangs gewinnt er immer, er gewinnt ja sowieso immer, nur wird es von Runde zu Runde unwahrscheinlicher, und das Zittern nimmt zu. Niemand wundert sich, dass er niemals verliert. Gelegentlich ein Fluch, ein resigniertes Kopfschütteln, an wen hast du denn deine Seele verkauft. Den leichten Schweißfilm über den Lippen und auf dem Nasenrücken tupft er unauffällig ab, die Heiserkeit beim Sprechen fällt den Mitspielern gar nicht auf, weil sie sich nicht unterhalten wollen. Ein unregelmäßiges Muskelzucken im Gesäß und am Hals kommt dazu, schließlich vibriert er von Kopf bis Fuß, wischt sich den Schweiß mit beiden Händen ab, beißt sich auf die Finger und hat, wenn er etwas sagen muss, eine weinerliche hohe Stimme, die sich ständig überschlägt, weil er winseln will, aber natürlich nicht kann, denn das würde seine Mitspieler in die Flucht schlagen, wer spielt denn mit einem winselnden, ewig gewinnenden Wrack, er muss seine Stimme absenken, die Hände unter dem Tisch verstecken, er muss die Füße hinter die Stuhlbeine klemmen und den Schweiß lachend abtupfen, und er muss, vor allem muss er gewinnen, jede Runde jeden Abend gewinnen, und auch nächste Woche, das ganze Jahr, immer gewinnen.

Strömung So perfekt, wie sie ihren Alltag beherrscht, so perfekt, wie sie ihr Gesicht in makellose Reinheit überführt, jeden Morgen von Neuem, wie sie ihr glattes, festes Haar bändigt und strafft, keine Strähne und keine Locke kräuselt sich unter den Haarspangen hervor. Dabei ist sie nicht verbissen, sie erlaubt sich ausschweifende Essen, Nudeln mit Soßen, die Spuren auf ihrer weißen Leinenbluse hinterlassen, manchmal geht sie mit ihrer Freundin aus und trinkt zu viel, bis sie sich kichernd die Ellbogen in die Rippen stoßen und den Männern in der Straßenbahn Blicke zuwerfen. Sie hat auch schon ihren Geldbeutel verloren und einmal im Supermarkt zwei Stangen Bourbon-Vanille geklaut. Man sieht ihr an, sie weiß es selbst, dass sie nur deswegen so korrekt daherkommt, weil sie Lust dazu hat, sie möchte korrekt sein, aber wenn ihr Fehler unterlaufen, kann sie darüber lachen.

Nur die Herdplatte lässt ihr keine Ruhe. Sie kocht sich zum Frühstück ein weiches Ei, stellt die Platte ab, schält das Ei sorgfältig und salzt es, sie isst dazu frisches Bauernbrot mit Butter, auf ihre Figur muss sie nicht achten, weil sie einfach nichts ansetzt. Sie vergewissert sich, dass die Platte wie immer abgestellt ist, putzt sich die Zähne und ist erleichtert, dass sie den Orangensaft nicht getrunken hat, weil er sonst beim Zähneputzen ihren Zahnschmelz angreifen würde, es entstehen ungute Verbindungen, vor denen sie zum Glück gewarnt ist, so wie sie auch um die Gefahr von Wohnungsbränden weiß und sie verhindert, indem sie die Platte ausstellt. Vor dem Spiegel strafft sie noch einmal den Pferdeschwanz und zupft den Kragen zurecht, ein rascher Gang zum Herd, die Platte ist natürlich aus. Nun kann sie aufbrechen, sie muss es auch, um rechtzeitig bei der Arbeit zu sein, nicht dass sie knapp dran wäre, es ist alles perfekt, kein Grund zur Eile, nur dass sie, nachdem sie die Tür schon hinter sich zugezogen hat, rasch noch einmal aufschließt, zum Herd eilt, sich vor dem Spiegel noch einmal einen Blick zuwirft, damit der Herd nicht der einzige Grund für die Rückkehr ist, und dann wirklich die Wohnung verlässt. Die Treppe hinunter, in zwei Minuten fährt der Bus, perfekt, weil die Haltestelle nicht mehr als zehn Meter von ihrer Haustür entfernt ist, sie geht zügig, aber nicht hastig an den geparkten Autos entlang, und als sie die bekannte kleine Qual spürt, die sich in ihre kribbelnden Finger entlädt, mit denen sie schon wieder nach dem Schlüssel sucht, denkt sie entschlossen in eine andere Richtung. Sie denkt an ihre Freundin, die im Sommer heiraten wird und sich täglich ein anderes Ziel für ihre Hochzeitsreise überlegt, sie denkt an die Termine mit den Lieferanten und das Meeting der Vertricbsabteilung, sie denkt an den Kickboxing-Kurs, für den sie sich angemeldet hat, und zugleich beobachtet sie die Gegenbewegung ihrer Gedanken, wie die Strömung eines Hochwassers, eine unbeirrbare, schlammige Kraft, die sie zurücktreibt, die Finger schließen sich um den Schlüssel, eine Drehung der Hüfte, der Blick geht schon zurück und sucht die Fenster des zweiten Stocks ab, ob Rauchschwaden herausquellen, ob ein Alarm zu hören ist. Schon fährt der Bus in die Haltebucht ein, und einen Moment lang beobachtet sie sich noch, hin- und hergerrissen zwischen Herdplatte und Pünktlichkeit, bis sie aufgibt und sich mit einer süßen Verzweiflung, einer lächerlichen Erleichterung zurücktreiben lässt zum Haus, wieder die Schlüssel, die Treppe, die Wohnungstür, vor dem Spiegel hält sie sich nicht auf, ein Blick auf den Herd, als ob sie es nicht wüsste, und ganz kurz ein tiefer, beinahe weihnachtlicher Frieden, während sie vor dem Herd steht und langsam durchatmet.

T

Tarnung Sie weiß, dass sie der Unsichtbarkeit entgegenlebt. Auffällig war sie noch nie, schon als Mädchen hat sie Wert auf gedeckte Farben, übliche Schnitte und vorhersehbare Frisuren gelegt. Wenn die Mutter ihr etwas Schönes kaufen wollte, lief es auf ein Paar Jeans (nicht zu eng, auf keinen Fall mit Schlag) und ein Sweatshirt (Marke egal, auf keinen Fall zu teuer, blau, grau oder dunkelgrün) heraus. Die Haare trug sie straff zurückgekämmt in einem Pferdeschwanz, flirrende Strähnchen oder frei sich kräuselnde Locken wurden mit Haarspangen befestigt. Die Blicke der anderen schweiften über sie hinweg, vielleicht ein kurzes freundliches Zunicken, ein flüchtiger Gruß, schon verschmolz sie wieder mit dem Hintergrund. Auch als Studentin gelang ihr höchstmögliche Transparenz. Es konnte passieren, dass sie ein Referat hielt, aber jemand anderer ihre Note bekam (meistens eine sehr gute), weil der Dozent ihre Anwesenheit nicht, wohl aber die Qualität des Beitrages bemerkt hatte. In der Mensa reihte sie sich in die Schlange ein, wurde aber regelmäßig immer wieder von ihrem Platz abgedrängt, nicht weil man ihr Böses wollte, sondern weil sie nur ein Schatten im Augenwinkel eines eiligeren, hungrigeren, gegenwärtigeren Essers war. Ihre Prüfung legte sie mit Glanz ab, bekam aber keine Promotionsstelle angeboten, weil der Professor sie vergaß, sobald sie den Raum verließ. Das war ihr ganz recht; sie fand eine passende Arbeit als Sachbearbeiterin, bearbeitete die Sachen in ihrer Ablage kompetent und effektiv, und niemand musste sich bei ihr bedanken oder ein schlechtes Gewissen haben, wenn sie wieder Überstunden machte, weil es niemanden gab, dem sie überhaupt ein Begriff war. Dennoch bekam sie nach fünfunddreißig Jahren in derselben Versicherungsagentur einen riesigen Blumenstrauß, eine Armbanduhr mit Internetanschluss und eine Abschiedsrede, die nur aus Floskeln bestand, weil der Geschäftsführer trotz ehrlichem Bemühen keinerlei Erinnerung an die jahrzehntelange Zusammenarbeit parat hatte, auch Anekdoten über sie waren nirgendwo zu hören, und so redete er vor allem über die Dauer des Beschäftigungsverhältnisses, und alle, besonders die Jüngeren, für die fünfunddreißig Jahre ein unvorstellbarer Zeitraum waren, klatschten beeindruckt. Als Rentnerin glitt sie endgültig hinüber in die völlige Unsichtbarkeit.

Mit ihrer Tarnkleidung, festen beigen Gesundheitsschuhen, einer klobigen Handtasche, einem dunkelblauen Pullover mit unauffälligen Goldfädchen und darüber einem gedeckten Mantel hält niemand ihr die Tür auf, dafür muss sie schon selbst sorgen. In der überfüllten Straßenbahn weicht niemand zur Seite, wenn sie aussteigen will; selbst wenn sie das Nötigste einkauft, wird ihr das Brot über die Theke gereicht, als wäre es für jemand anderen, der Blick der Verkäuferin schon beim nächsten Kunden.

Einmal allerdings stürzt gleich vor ihr jemand über eine Unebenheit im Pflaster, ein Mann etwa in ihrem Alter, ungeschickt auf den Beinen und nun auf dem Gehsteig zusammengekrümmt, er muss sich wehgetan haben und kommt nicht mehr hoch. Sie bleibt bei ihm stehen, stellt die Einkaufstaschen ab und beugt sich zu ihm hinunter. Er hat die Augen zusammengepresst und jammert vor sich hin, ei ei ei oder etwas Ähnliches, und sie fasst ihn an der Schulter und ruft, alles in Ordnung bei Ihnen. Da öffnet er die Augen, starrt sie an, hebt den Kopf, wieder meldet sich ein Schmerz, kann man so nicht sagen, schnaubt er und versucht sich aufzurappeln. Sie reicht ihm die Hand, einen stabilen Stand und einen festen Griff hat sie, und das merkt er gleich, fasst kräftig zu, halb zieht sie ihn, halb schiebt er sich nach oben, bis er wie ein Bittsteller vor ihr kniet. Inzwischen drehen sich Leute nach ihnen um, ihr wird heiß, warum steht er nicht auf und klopft sich ab, sie muss weiter, sie muss dringend von hier weg. Aber er hält immer noch ihre Hand, sein Blick wandert an ihr hoch, über den Kragen, das Seidentüchlein, über ihr Kinn, nun schaut er ihr von unten direkt ins Gesicht. Darf ich Ihnen danken und Sie auf einen Kaffee einladen, wenn Sie diese Frage einem alten Klappergestell wie mir erlauben. Rasch schaut sie um sich, die lächelnden, brennenden Blicke der Umstehenden durchdringen die Tarnkleidung, seine Augen auf der Höhe ihres Hosenbundes sind von roten Äderchen durchzogen, und schnell, bevor er sich ihr Gesicht merken kann, zieht sie ihre Hand weg, nickt ihm zu, reißt ihre Einkaufstaschen hoch und eilt davon.

Taschengeld Jeder könnte der Detektiv sein. Das ist eben die Aufgabe des Detektivs, dass man ihn nicht erkennt. Sie glaubt aber, Anzeichen entdecken zu können: Einer, der wenig kauft, der versonnen durch die Gänge schlendert und intensiv die Preisschilder studiert, einer, der eine Flasche Rotwein aus dem Regal nimmt, sie hin und her wendet und gegen das Licht hält; einer, der keine Einkaufstasche dabei hat oder eine sehr auffällige, oder der öfters hier ist und manchmal mit den Verkäuferinnen plaudert, das könnte er sein. Vielleicht nehmen sie Kinder, die sind behände und sehen alles. Es könnte aber auch die alte Dame sein, die sich als Spionin Taschengeld verdient, Zeit hat sie sowieso, sie schiebt ihr Wägelchen und legt ein Bund Petersilie hinein, das sie auch auf dem Markt hätte kaufen können, warum stellt sie sich in die Schlange wegen eines Petersilienbunds. Die Dame starrt den Leuten ins Gesicht, als könnte sie die Diebeslust darin lesen, aber bei ihr kann sie nicht fündig werden, keine Selbstanzeige, keine Komplizenschaft, sie geht zielstrebig und mit leerem Blick in die Wäscheabteilung. Vielleicht wird sie heute zwei, drei Unterhosen mitgehen lassen oder ein Paar Socken stibitzen, natürlich hat sie genug Socken zu Hause, sie könnte auch in der Schreibwarenabteilung nach einem hübschen Kugelschreiber schauen oder nach einem neuen Radiergummi, ihr altes hat einen hässlichen grauen Rand. Es geht nicht darum, was sie braucht, ihr Einkommen als Sachbearbeiterin ist ausreichend für all ihre Bedürfnisse, und an diesem Nachmittag gäbe es genug anderes zu tun, sie könnte den Balkon bepflanzen oder Tennis spielen. Vielleicht ruft sie nachher an, aber erst nachdem sie im warmen Glanz des Kaufhauslichts genommen hat, was ihr gefällt. Gut, dass die Haare frisch gemacht sind, wie ein Helm sitzen sie auf dem Kopf und sind besser als jede Verkleidung. Behelmte Kundinnen werden nicht kontrolliert; um sie aufzuspüren, müssten gute Kameras im Einsatz sein. Das wird ihr die Schmach ersparen, den Griff von hinten, die leise Stimme an ihrem Ohr: Würden Sie bitte kurz Ihre Tasche öffnen. Davonlaufen könnte sie nicht, sie trägt Schuhe mit hohen Absätzen, sie würde erstarren und tief erröten, es ist noch nie passiert, und weil sie weiß, dass es irgendwann passieren muss, hält sie sich zwischen Vorausahnung und Befürchtung in der vollen Konzentration. Noch einmal wird sie es tun, sie wird sich nehmen, was ihr gefällt, oder besser noch, was ihr nicht gefällt, die Willkür gehört zu diesem glitzernden Tag.

Triumph Am Strand streiten sie sich. Während sie sich anzischen, klopfen die Kinder an einer Sandburg herum. Er will ins Wasser, sie will ihn nicht gehen lassen. Die Brandung ist gewaltig, Schaumfetzen fliegen bis zu ihnen herüber. Ein Vergnügen, triumphiert er und zieht sich das T-Shirt aus. Du maßloser Angeber, zetert sie, du willst es allen beweisen, was. Ja, vor allem dir, lacht er, dann geh doch und sauf ab, ruft sie und tritt in den Sand.

Während er mit großen Sprüngen auf das Wasser zuhält, setzt sie sich mit dem Rücken zum Meer neben die Kinder, brennend vor Wut, und zwingt sich, im Sand nach winzigen blassen Muscheln zu suchen, mit denen die Kinder einen Pfad um die Burg herum legen, es dauert lang, bis sie zwei oder drei beisammenhat, und sie wird sich nicht umdrehen nach dem stolzen, so waghalsigen Alleskönner, der durch die Brecher taucht. Aber als sie noch vier Muscheln in den Sand gedrückt und dem Kleinen das Gesicht eingecremt hat, dreht sie sich doch zum Wasser und sieht nichts.

Schnell steht sie auf und reckt den Kopf, um über die Schaumkronen hinweg seinen Kopf weit draußen zu finden, sicher ist er ins Offene hinausgeschwommen, wie er das immer macht, aber sie kann ihn nicht entdecken. Sie ruft den Kindern, die gar nicht hinhören, zu, sie schaue schnell nach Papa, und trabt widerstrebend, angstvoll und zugleich boshaft triumphierend näher ans Wasser, wo er sicher sein wird, er ist getaucht, vielleicht hat er auch den Halt verloren, vielleicht sind die Wellen stärker als er, und sie hatte eben doch recht: Allein nie ins Wasser, diese Bucht ist nicht ohne, hier ist schon so mancher ertrunken, aber er hält sich für unbesiegbar, und natürlich ist er es nicht, auch wenn sie immer noch davon ausgeht.

Nur ist sein Kopf nirgendwo im Wasser, vielleicht ist er woanders an Land gegangen, um sie zu erschrecken und den Streit zu gewinnen und sie zu besiegen, indem er von hinten über die Dünen kommt, lachend und nass. Aber er kommt nicht, er ist nirgendwo, und auf einmal brennen ihre Augen, die immer wieder über die helle Wasseroberfläche und die leuchtenden Schaumkronen zucken, und wenn er weg ist, kann es ja nur heißen, dass sie ihn suchen muss, aber wie das gehen soll, ist ihr ein Rätsel, und dort hinten spielen immer noch die Kinder im Sand und suchen winzige blasse Muscheln.

Tsunami Ihm gefällt die Kaffeemaschine, so sehr gefällt sie ihm, dass es fast eine Liebe ist, er muss immer wieder zu der kleinen Kaffeerösterei gehen, in deren Schaufenster die Maschine blitzt, sie ist so aufgestellt, dass sich das Morgenlicht darin fängt und der Edelstahl beinahe weiß glüht. Ihre Größe ist perfekt, nicht pompös und gewalttätig und auch nicht zu schäbig oder unscheinbar. Eine kleine kompakte Schönheit, die gekauft werden kann, um ihm dann jeden Morgen einen Duft in die Nase zu spielen, einen nussig-malzigen, bitterfeinen Geschmack auf die Zunge zu legen, ein Gruß aus cremig geschäumter Milch dazu, es wäre ein neues Leben.

Sie beobachtet die Hartnäckigkeit seiner Sehnsucht, wie er jeden Tag nach der Arbeit den Heimweg abändert, um an dem Schaufenster vorbeizukommen, wie er abends am Computer den Kontostand anschaut und durchrechnet, ob sie auf den Urlaub verzichten müssten, wenn er sich die Maschine leistete, er liest über andere Maschinen, vergleicht, so blind ist er nicht, dass er die Tauglichkeit seiner Erwählten nicht überprüfen würde. Noch nie hat er einen so teuren Wunsch so hartnäckig verfolgt.

Eine Weile sieht sie zu, dann beschließt sie, einzugreifen und ihn zu beglücken, so heftig zu beschenken, dass er für immer beeindruckt und überwältigt an ihrer Seite bleiben wird. Einen Anlass braucht sie nicht. An ihrem freien Vormittag geht sie an ihr

Sparkonto, hebt die Summe ab, die eigentlich für eine Markise auf der Dachterrasse reserviert war, und macht sich auf zur kleinen Kaffeerösterei.

Guten Morgen, wünscht ihr der wendige Kaffeeröster, der gerade einen prächtigen Cappuccino aufbrüht, was darf es sein.

Ich schaue mich erst mal um, sagt sie, aber es gibt nicht viel zu sehen, die Leute kommen nicht, um hier herumzubummeln, sondern um Kaffee zu trinken, zu machen oder zu kaufen.

Eigentlich wird Kaffee maßlos überschätzt, denkt sie und schaut in das ruhige, interessierte Gesicht des Kaffeerösters, der sich über die Tasse beugt, als sei dies der erste Cappuccino seines Lebens.

Als hätte er ihren Gedanken gehört, schaut er hoch und sagt, und womit kann man Ihnen eine Freude machen.

Was für eine zudringliche Frage, eine Freude muss er ihr nicht machen, dafür ist ja wohl sie selbst zuständig, aber er scheint tatsächlich zu glauben, er habe diese Möglichkeit, und kurz hallt die Frage in ihr nach. Womit kann man ihr eine Freude machen, sie weiß es nicht, mit Kaffee jedenfalls nicht und mit Urlaub auch nicht. Andere Einkäufe können vergnüglich sein, aber Vergnügen ist noch lange keine Freude. Sie muss von den Dingen wegdenken, wie ist es denn mit dem Duft der Erde im März, mit drachensteigenden Kindern, mit warmen Socken im November, mit Sonnenlicht durch frisch geputzte

Scheiben, mit Wattwandern oder Schlittschuhlaufen, Sex am Morgen oder Käuzchenrufen in der Nacht? Sie horcht den Möglichkeiten hinterher und wartet auf ein kleines freudiges Zucken, diesen Spritzer von Lust und Andacht, aber nichts regt sich. Der Kaffeeröster schiebt ihr den Cappuccino hin, als sei das die Antwort, auf die sie gewartet hätte. Nein, wehrt sie ab, Kaffee vertrage ich nicht, und zugleich forscht sie angstvoll nach Gründen für eine Freude, sie muss sich nur erinnern, hat sich doch oft genug gefreut in ihrem Leben, über den warmen Boden am Badesee, über die frischen Brötchen vor ihrer Tür, über Amselgesang und Maiglöckchen, auf einmal scheinen ihr die vergangenen Freuden schal und überlebt, jeder freut sich über Blumen und Sonne, ihre Freuden werden von der Allgemeinheit geteilt und sind gar nicht ihre eigenen und deswegen noch armseliger, die Erinnerung bringt nichts zum Klingen, eine fade Folie nur, und ein heftiger Neid auf die Kaffeeliebhaber durchfährt sie, die Verliebten, die mit den Maschinen turteln und jede Tasse Cappuccino feiern wie den ersten Kuss. Überhaupt der Schmelz des ersten, des frischen, kindlichen Blicks, sie hat ihn verloren, und er hat ihn noch, und wenn sie ihm die Kaffeemaschine nun kauft, wird sie jeden Morgen in der Küche den Balztanz des Verliebten ertragen müssen, wird am Kaffeeritual teilhaben müssen, wird die Augen schließen und den Duft einatmen, der ihr nichts bedeutet.

Ach, sagt sie zum Verkäufer, der immer noch wartet, ob er sie beglücken oder seinen Kaffee selbst trinken darf, beides wäre ihm eine Freude, kein Schatten fällt auf diesen Menschen, ach, ich komme später noch mal. Wenn ich mehr Zeit habe. Und sie schlägt die Ladentür so heftig hinter sich zu, dass der Kaffee in seiner Schale hochbrandet wie ein winziger Tsunami.

U

Unebenheit Wenn sie fällt, werden ihr die Knochen im Leib brechen und nicht wieder heilen, man wird natürlich alles versuchen, damit sie wieder zusammenwächst, aber die alten Knochen würden es vermutlich nicht schaffen, sie sind zu bröselig und halten nur zusammen, solange sie nicht stürzt. Also geht sie kaum noch aus dem Haus, denn schon kleine Unebenheiten im Pflaster, eine Schliere auf dem Gehweg, ein ungebärdiger Hund könnten sie zu Fall bringen. Im Winter ist schon ein einziger Schritt aus der Tür, geschweige denn zum Briefkasten, zum Supermarkt ein selbstmörderisches Wagnis. Der Boden löst sich auf in ein schillerndes Labyrinth aus Glatteis, gefrierender Nässe, Schnee, Altschnee, Bodenfrost, überfrorenen Pfützen.

Aber auch in der Wohnung ist der Sturz nicht ausgeschlossen. Neulich hat ihr das Herz so in der Brust gezittert, dass sie an der Kommode halb in die Knie ging, die Kniegelenke wie hölzerne Scharniere ohne Federung, die zwar einige Millimeter nachgeben können, aber weiter nicht, und sie hat mit beiden Händen die Ecken der Kommode gepackt, um das Gewicht von den Knien zu nehmen, bis sich das Herz wieder beruhigt hatte. Dann erst konnte sie loslassen, die Kommodenränder hatten sich in die Handflächen eingeprägt, das Herz ist ihr gleichgültig, natürlich wird es irgendwann aufhören zu schlagen, aber vorher wird sie stürzen, und sie fürchtet den Augenblick, in dem sie aufschlägt und ihre hölzernen Knochen zersplittern und sie dann kaputt ist.

Die Tochter will es ihr ausreden, sie will sie zur Wassergymnastik schicken, damit sie beweglich wird und ihre Gelenke geschmeidiger, sie hat ihr ein Handy aufgedrängt, damit sie den Rettungswagen rufen kann, wenn es doch passiert, sie sagt, dass ein Sturz noch niemanden umgebracht habe und dass Adam und Eva aus dem Paradies gestürzt und doch nicht gestorben seien und dass der Sturz auf der Bananenschale zum Grundbestand menschlicher Komik gehöre, weil man eben nicht alles vorhersehen könne, weil die Menschen keine Maschinen seien und die Alten keine alten Maschinen, und dass man die Beschränkung des Lebens auf vier Wände nicht akzeptieren dürfe und dass man für sie einen Rollator beantragen könne oder sogar einen Rollstuhl, in dem sie, die Tochter, ihre Mutter durch die Gegend schiebe, damit sie, die Mutter, die Weitläufigkeit der Welt nicht vergesse, das gehe alles, das sei alles möglich und nicht lebensbedrohlich, lebensfeindlich sei nur der Stillstand.

Aber sie bleibt ja nicht stehen. Sie geht langsam von Zimmer zu Zimmer, die Schuhe behält sie immer an den Füßen, damit sie einen festen Tritt hat, sie lauscht ihren eigenen Schritten und versucht sich vorzustellen, wie es wäre, in einem Rollstuhl geschoben zu werden von der Tochter, die sie ja dann nicht sähe, weil sie hinter ihr wäre, die Hände an den Griffen. Sie würden kleine Ausflüge unternehmen, in den Botanischen Garten oder den Zoo, an einer Bank würden sie haltmachen, die Tochter würde die Mutter in schrägem Winkel zur Bank abstellen und sich selbst auf die Bank fallen lassen und Wasser aus einer der riesigen Kunststoffflaschen in sich hineinschütten, die sie ständig mit sich herumträgt. Es würde überall vor Hunden und kleinen Kindern wimmeln, die sie zu Fall gebracht hätten, wenn sie gelaufen wäre, aber dann wäre sie ja auch nicht bis zum Botanischen Garten gegangen, und das wäre doch schade, wird die Tochter sagen, oder? Sie schaut herausfordernd um sich und streckt sich, bis man ihren Bauch sieht, wie sie es gerne tut, und blinzelt in die Sonne, als gehöre sie ihr, und wie sie, sich gratulierend, so rekelt, merkt sie gar nicht, wie die Mutter aufsteht, sich das Kleid glatt streicht und langsam davongeht, um in Ruhe zu fallen.

Urlaub Ob das Kind die gleiche Angst hat wie sie, weiß sie nicht. Es weiß, was es hat, aber Wissen ist bei Kindern nicht so hartnäckig, es lässt sich vergessen, zum Glück, oder verblasst in den Stunden, in denen das Kind gut atmen kann. Die Angst hat sie übernommen, damit das Kind sie vergessen darf, man kann sie sich aufteilen, sie sind darin geübt. Wenn das Kind also spielt, natürlich nicht draußen und nicht wild, sondern mit dem Baukasten oder der elektrischen Bahn auf dem Wohnzimmerboden, ohne Spielkameraden, weil wieder alle erkältet sind und das Kind nicht die Kraft hat, einen Schnupfen zu überstehen, dann hat das Kind keine Angst. Sie reinigt in der Küche die Kaffeemaschine, oder sie hängt Wäsche auf, aber weit weg vom Kind geht sie nicht, weil sie gegen die Angst sein Atmen hören muss. Es könnte sein, dass es, wenn sie in den Keller geht, mit dem Atmen aufhört. Sie weiß dann, was zu tun ist (sie muss es übers Knie legen und ausklopfen), sie weiß auch, dass sie dann keine Angst mehr haben wird, aber während es auf dem Fußboden sitzt und leise vor sich hin spricht und einen Atemzug nach dem anderen tut, zählt sie die Luft, die hineingeht, und wartet, ob es genug ist, und lauscht der Luft, die herauskommt, auch wenn sie es nicht hört.

In Urlaub fahren sie nicht. Denn es könnte sein, dass sie in den Urlaub fahren und ohne das Kind zurückkommen. Auch den Urlaub des Nachtschlafs –

einige Stunden in eine ungefährliche Dumpfheit versinken, sich davonträumen, Albträume haben, die nichts mit dem Kind zu tun haben, keine Atemzüge zählen, selbst tief atmen, ohne dem Kind davon abgeben zu wollen – leistet sie sich selten. Sie hat sich einen Kurzschlaf angewöhnt, der sie knapp unter der Oberfläche der Wachheit vibrieren lässt, jederzeit abrufbar, zutiefst eingestimmt in den Atem des Kindes. Das Kind schläft und brodelt gleich neben ihr, der Schleim kocht in seiner Lunge, und irgendwann wird es an sich selbst ertrinken.

Bald wird das Kind in die Schule kommen, immer wird es dort von anderen Kindern umgeben sein, die es mit dreckigen Händen berühren, es anrempeln, ihm ihre Bakterien ins Gesicht husten, es wird einen Mundschutz tragen müssen, aber nicht wollen, heimlich wird es ihn abreißen und im Schulranzen unter der Brotdose verstecken, sie wird ihm hinterherschleichen müssen, um es zu ertappen und wieder sicher zu verzurren, aber auch der beste Mundschutz ist niemals sicher. Sie wird ihm das Spielen und Toben verbieten müssen, seine neuen Freunde wird sie mit Ausreden an der Tür abwimmeln, all das wird sie ohne zu zögern tun, weil ein Schnupfen ihr Kind töten kann, und das wird sie nie vergessen, bis es so weit ist.

V

Vorliebe Wenn er für immer Lehrer bleibt – er ist gerne an seiner Schule, er mag die Wachheit und handfeste Intelligenz der Kinder, die bedächtige Sturheit der Eltern, den Eifer der Kleinen und die lässige Faulheit der Älteren, er mag die Kaffeekasse im Lehrerzimmer, die sich von Jahr zu Jahr mehr füllt, das Gefühl, von allen gekannt zu werden, die leichte Anspannung nach den Ferien, als müsste er eine Bühne betreten, den süßlichen Kindergeruch und die schludrigen Hefte der Teenager, die Mädchengruppen, die mit ihren Handys fuchteln und sich wie ein hochgewachsener Palisadenzaun gegen die Jungen abschirmen, ohne die Blicke gänzlich zu blockieren, denn irgendwo ist immer ein Durchkommen – wenn er das alles für immer vor Augen hat, wird er keine Zeit für das Feuchtbiotop in seinem Garten haben. Er wird nicht dazu kommen, zu Fuß durch ganz Deutschland zu laufen, von Flensburg durch den Harz bis in die Oberpfalz, durch Bayern, am Schwarzwald vorbei hoch ins Ruhrgebiet und bis an die Nordsee, mit einem Hund an der Seite, den er nicht suchen, kaufen und erziehen können wird. Er wird dann auch keine andere Frau finden, er wird mit dieser vorliebnehmen, wie er das schon seit siebzehn Jahren tut, mit ihren sanftmütigen Triumphen, ihren verwachsenen kleinen Zehen, ihrer Flugangst und ihren vergnügten kleinen Augen. Er wird niemals Ende September noch auf Korsika sein können, um zu sehen, wie sich der vertrocknete Flusslauf nach den ersten Gewittern wieder mit Wasser füllt, wie die Muschelketten und Badetücher im Preis herabgesetzt werden, weil doch die Schule schon längst wieder angefangen hat. Er könnte ein Sabbatjahr nehmen und wenigstens das Feuchtbiotop anlegen, auch Frösche würden sich ansiedeln lassen, vielleicht könnte er sogar den einen oder anderen Teilabschnitt durch Deutschland wandern, aber eigentlich meint er etwas anderes.

Doch wenn er seine Stelle kündigt, wird er die Anhänglichkeit der Fünftklässler nicht mehr spüren, wird keine gebastelten Adventskalender und keine selbst gekochte Himbeermarmelade mehr geschenkt bekommen, er wird nicht mehr auf Klassenausflügen die Handys einsammeln, die aufreizenden Tops der Neuntklässlerinnen, die gesellige Müdigkeit im Lehrerzimmer, die Heftstapel auf dem Schreibtisch, das Gefühl, niemals fertig zu werden und immer beschäftigt zu sein, das vertraute Leder der Aktentasche, die verlegenen Blicke der Schüler vor der Eisdiele, es wird keine Spitznamen mehr für ihn geben, keine Glücksbringer bei den Abiturklausuren, das wird alles zu Ende sein.

Aber wenn er seine Stelle nicht kündigt, wird er keine Zeit für das Feuchtbiotop in seinem Garten haben. Er wird nicht dazu kommen, zu Fuß durch ganz Deutschland zu laufen, von Flensburg durch den Harz bis in die Oberpfalz, durch Bayern, am Schwarzwald vorbei hoch ins Ruhrgebiet und bis an die Nordsee, mit einem Hund an der Seite, den er nicht suchen, kaufen und erziehen können wird. Sie würde ja mitkommen, sie wandert genauso gern wie er, die Frösche waren ihre Idee, und sie würde ihm den Rücken stärken, ihn ermutigen, etwas Neues auszuprobieren, vielleicht nicht gleich alles hinzuschmeißen, eine Verbeamtung gibt man nicht einfach auf, aber man kann ja auch im Kleinen mal was anderes machen, es spricht nichts dagegen, die Stelle zu reduzieren, einfach weniger arbeiten, dann kannst du in Ruhe deinen Tümpel im Garten graben, und vielleicht könnten wir sogar Hühner halten, ich verdiene ja genug, du kannst dir ruhig ein bisschen was gönnen, es gibt ja nicht nur Schwarz und Weiß, alles oder nichts, es gibt so vieles auf dieser Welt, so viele Möglichkeiten, nur steige ich in kein Flugzeug, das kannst du vergessen.

Aber er will ja nicht. Er geht durch den Garten und zupft mit einer abfälligen Handbewegung am Sommerflieder, reißt eine verwelkte Rispe ab und schleudert sie auf den Kompost, als wollte er sagen, das mache ich zwar, aber ich könnte es auch lassen, ich bin vielleicht bald ganz woanders.

Vorsehung Dass der liebe Gott nicht zuständig ist, hat er längst begriffen, und trotzdem ist er sich beinahe sicher, dass in der himmlischen Vorsehung einiges geregelt und festgelegt ist, unter anderem, dass dem Menschen zwei Beine gegeben sind, mit denen er auf dem Boden zu bleiben hat, das Fliegen sollte er bleiben lassen, oder, wenn er sich schon dazu versteigt, bereit sein, es mit dem Leben zu bezahlen. Er weiß, dass diese Gedanken weder neu noch einfallsreich sind. Er könnte sie vermutlich sogar seiner Chefin mitteilen, wer weiß, vielleicht denkt sie ähnlich über das Fliegen, setzt aber jedes Mal vergnügt darüber hinweg, mit ebender Leichtfertigkeit, die sie braucht, um die Abteilung erfolgreich zu führen.

Bald geht es ja wieder los, nickt sie ihm zu, machen Sie einen Stopover, dann regenerieren Sie sich schneller, aber was sage ich Ihnen, Sie machen das ja nicht zum ersten Mal. Er nickt zurück und winkt, als seien sie schon am Flughafen, vor den Anzeigetafeln, die in einer großartig gleichgeschalteten Choreografie Städte, Flugnummern und Boarding Gates aller zum Tode Verurteilten durcheinanderwirbeln, den Bruchteil einer Sekunde nichts zu erkennen, nur ein rhythmisches Klacken, nichts ist lesbar, ein winziger Vorgeschmack auf das große Gestöber, wenn alles auseinanderbricht.

So kann man nicht denken, man muss eben einfach den Koffer packen, das Taschenmesser nicht ins Handgepäck, drei Zeitungen ins Handgepäck, Lesen, ohne etwas zu sehen, viele tun das, und sie sind eine verschworene Gemeinschaft derjenigen, die wissen, was Gott für seine Geschöpfe vorgesehen hat, und die am Ende jedes Fluges ihr Leben doch noch einmal geschenkt bekommen.

Wie lächerlich, denkt er, als er seiner Chefin zunickt, mein Leben für eine Dienstreise zu vergeuden, ich habe noch keine Kinder, vieles noch nicht gesehen. Sind die Termine denn schon fix, ruft die Chefin ihm noch hinterher, als ihm gerade einfällt, dass er immer schon reiten wollte. Noch nie geritten, denkt er und winkt beschwichtigend, ich sollte eine Reitstunde ausmachen, das ist mein Pfand. Keine Ponys, glänzende große Pferde mit prallen Hälsen und riesigen Augen, Tiere wissen immer, wofür sie geschaffen sind, Pferde sind zum Reiten geschaffen, und wenn ich es lerne, fliege ich nie wieder. In seinem Büro sucht er gleich nach Reitschulen, bewundert die Webseiten mit den schimmernden Pferden, die das tun, wozu ihre Reiter sie bringen, eine in der Nähe ruft er an und macht einen Termin aus, nach seiner Rückkehr eine Schnupperstunde, und er muss lachen. Noch ein Flug, und dann schnuppern und reiten, er packt die Flüssigkeiten nicht ins Handgepäck, dafür Kaugummi und drei Zeitungen, wie immer, und ein Pferdemagazin, da kann er sich schon mal einlesen. Einmal noch fliegen, dann reiten, so ist die Verhandlungsgrundlage, aber auf ihn kommt es nicht an, er muss andere Mächte besänftigen.

Dann sitzt er in der Maschine, fest angezurrt, er starrt nach vorne auf die Stewardessen mit ihren Schwimmwesten, obwohl er jeden Handgriff auswendig kann, trotzdem muss er hinschauen, sonst könnte seine Nachlässigkeit gegen ihn verwandt werden. Neben ihm sitzt ein Mädchen mit Kopfhörern, das ihn zwar anstrahlt, während sie einen Stapel Zeitschriften auf ihrem Schoß zurechtlegt, aber sonst auf nichts achtet, und er kann nur hoffen, dass ihm dieses Mädchen nicht schadet, viele Stunden lang hängen nun alle Leben zusammen, sie sollte nach vorne schauen, und er tippt höflich an ihren Arm und nickt nach vorne, freundlich lächelnd, damit sie sieht, dass er ihr nichts Böses will. Was, sagt sie und schiebt einen Kopfhörer vom Ohr. Ach, sagt er, ich dachte nur, Sie sollten auch wissen, wie wir uns im Notfall zu verhalten haben. Notfall, lacht sie. Sie sind witzig. Notfall gibt es nicht. Im Notfall sind wir tot. Sie nickt bekräftigend und rückt die Kopfhörer zurecht. Er schaut schreckensstarr nach vorne. Bitte, denkt er, nehmt das nicht ernst, sie ist noch jung, sie weiß nichts, sie redet Unsinn. Ich übernehme die Verantwortung für sie, wenn ihr uns verschont, sie und mich. Oder nur mich. Und dann schließt er die Augen, spürt die verheerende Beschleunigung der Maschine, das rhythmische Wippen seiner Nachbarin und denkt heftig und hingebungsvoll an seine erste Reitstunde.

W

Warten Sie will so gern einen Hund haben. Es ist mehr als nur Wollen, sie begehrt einen Hund, sie wünscht ihn sich jeden Tag, sie dreht sich auf der Straße nach Hunden um, die ihr gehören könnten, und beneidet die Besitzer, die gleichgültig und achtlos mit den Hunden an ihrer Seite über den Gehsteig laufen, als wäre es selbstverständlich, solche Begleiter zu haben, die ihnen auf dem Fuße folgen, die mit kurzen Kopfbewegungen ihre Menschen im Blick behalten und ihr Tempo dem Schritt der Besitzer anpassen. Der Hund, den sie sich vorstellt, könnte ohne Leine neben ihr laufen, weil er sie so liebte, dass er niemals von ihr weichen würde. Noch hat sie sich keinen gekauft, weil sie fürchtet, sie könnte allergisch sein, und weil sie so wenig Zeit hat und weil sie den Hund nicht mit zur Arbeit nehmen darf und weil sie manchmal Rückenprobleme hat. Aber dann ist sie in Griechenland, ein kurzer Urlaub, der sie stärken und bräunen soll, weil sie in letzter Zeit blass und kraftlos war und ihre Kollegen sie ermutigten, etwas für sich zu tun, und vor dem Hotel, das ihr eine Bekannte empfohlen hat, treibt sich ein Rudel dünner Hunde herum, von denen einer sich für sie entscheidet. Er ist gelb und kurzhaarig und hat eine kahle Stelle am Hals, nicht die Art von Hund, nach der sie sich auf der Straße umdrehen würde, aber sobald sie aus dem Hotel in den Garten tritt, um dort einen Aperitif zu trinken oder zum Badestrand zu schlendern, heftet er sich an ihre Fersen, nicht zu aufdringlich, sodass er sie belästigen würde, aber doch beharrlich genug, um sich bemerkbar und unverzichtbar zu machen. Schon hält sie jeden Morgen nach ihm Ausschau, wickelt beim Frühstück Salamischeiben in eine Papierserviette, die sie ihm dann zuwirft, am dritten Tag nimmt er sie schon aus ihrer Hand und drängt sich an ihr Knie, um gestreichelt zu werden. Sie krault ihn behutsam um die kahle Stelle herum, weil er dort vielleicht empfindlich ist, merkt aber schnell, dass ihm jede Berührung recht ist, er dehnt sich ihr entgegen wie eine Katze, vielleicht hat ihn seit Jahren niemand gestreichelt, und er ist genauso voller Sehnsucht nach einem Menschen wie sie nach einem Hund. Also passen sie sehr gut zusammen, denkt sie, als sie langsam zum Strand geht, an dem keine Hunde erlaubt sind, er folgt ihr langsam, er hat eine Art, mit gesenktem Kopf hinter ihr herzutrotten, die sie rührt und beklommen macht. Sobald sie stehen bleibt, hält auch er an und schaut mit gesenktem Kopf zu ihr hoch, und sie spricht leise mit ihm, erklärt ihm, dass sie nun baden geht und sich ein wenig bräunen, dass sie aber bald wiederkommt und ihn wieder streicheln wird, wenn er wartet. Wenn sie dann zurückkommt, schneller als geplant und weniger braun, liegt er im Schatten, so still, dass man meinen könnte, er sei gestorben, regungslos sogar sein Brustkorb, aber gleich hebt er den Kopf und rappelt sich auf, eine stille, unaufdringliche Freude in den Augen, sein Schwanz pendelt, und gleich heftet er sich ihr an die Fersen, weil dies sein Platz ist, den er nicht mehr aufgeben wird, auf den er immer gewartet hat, ohne es zu wissen, und wie könnte sie ihm diesen Platz verwehren.

Sie lässt die Bustouren aus, die sie mitgebucht hat, immer seltener geht sie zum Strand, es ist ihr auf einmal egal, ob sie braun oder gelb ist, und erholen kann sie sich bestens auf ihrer Terrasse, eine Hand auf dem Rücken des Hundes, der sich dicht neben ihrem Liegestuhl ausgestreckt hat und ab und zu leise seufzt. Im Hotel weist man sie darauf hin, dass die Hunde Ungeziefer oder Krankheiten übertragen, dass sie bösartig oder unberechenbar sein können, dass sie gierig und listig und eigentlich auf der Terrasse nicht zugelassen sind. Sie nickt und spielt in ihrer Tasche mit den Steakresten, die sie dem Hund vom Grillabend aufgehoben hat, natürlich wartet er auf ihrer Terrasse, und natürlich ist er nicht nur auf das Futter aus, sonst wäre er stürmischer und würde sich nicht erst an der Brust kraulen lassen. Wenn ihr einfällt, dass der Urlaub bald endet und im Flugzeug keine Hunde gestattet sind, muss sie so heftig einatmen, dass es wie ein Schluchzen klingt und der Hund rasch zu ihr hochschaut.

Erst am Tag vor der Abreise beginnt sie zu organisieren. Sie erkundigt sich an der Rezeption, bei der Fluglinie, bei einem örtlichen Tierschutzverband, sie spricht ihr bestes Englisch und sogar einige Wörter Griechisch, die sie vom Kellner erfragt hat, sie schaut in den Boutiquen und kleinen Läden, die sich um das Hotel scharen, nach einer Leine und einem Halsband, und zwischendurch kehrt sie zurück zu dem gelben Hund, fühlt seine Ohren, die ihm wie schlaffes Gummi um den Kopf baumeln, und den schmalen Brustkorb, so groß ist er nicht, er könnte in der Kabine sicher ein Plätzchen finden, wenn man ihn ließe. Zugleich weiß sie, dass sie ihn zurücklassen muss. Sie legt ihre Wickelröcke und Strandtücher in den Koffer, Dinge, die ihr nichts bedeuten, der Hund darf längst ins Zimmer und liegt an der Flügeltür wie eine weiche Türschwelle, über die sie nicht steigen will, sie muss es aber, sie muss gehen und fasst ihn noch einmal an, und wenn sie ihn jetzt nicht fotografiert, wird sie ihn nicht morgen, nicht übermorgen, aber in einigen Tagen schon nicht mehr vor Augen haben, die Kollegen werden ihre Bräune loben, obwohl sie doch eher gelblich aussieht, gelb an den Armen, gelb am Bauch, und schnell gleitet sie auf den Boden und legt sich dicht zu dem Hund, zieht ihn an ihren Bauch und schließt die Augen, und er wehrt sich nicht und riecht kaum merklich nach Tang.

Wasser Die Angst, dass alles auffliegt, hat er längst hinter sich. Er weiß, dass seine Frau jederzeit auf die verbotenen Treffen, die Berührungen, die erlogenen Nächte und heimlichen Vormittage, die schnellen Stunden zwischendurch und die mühsam erkämpften Dienstfahrten, mit denen er seit nun beinahe drei Jahren seine Ehe bricht, stoßen könnte – eine nicht gelöschte Mail, ein im Halbschlaf gemurmelter Name, ein Zufall, ein Blick durch das falsche Fenster, eine unerwartete Rückkehr, und schon wäre seine Ehe beendet. Nicht dass ihn diese Möglichkeit, die sich über die Jahre, rein statistisch gesehen, zu einer Wahrscheinlichkeit verdichtet, nicht bekümmerte. Er möchte gern verheiratet bleiben, er liebt den struppigen Haarschopf seiner Frau am frühen Morgen, bevor sie sich gekämmt hat; ihre ärgerlich zusammengezogenen Augenbrauen, wenn sie sich durch die Zeitung blättert; er fährt ihr gern über den Nacken, wenn sie vom Friseur kommt, und sucht an der langen Tafel, wenn die Freunde die Gläser erheben und ein festlicher Braten auf dem Tisch faucht, ihren Blick; er kennt ihre Tapferkeit im Zelt, wenn die Moskitos doch wieder einen feinen Riss gefunden haben, durch den sie eindringen, um ihren Schlaf zunichtezumachen, und ihre unvermeidlichen Tränen im Kino; er weiß, dass dunkle Schokolade ihr schmeckt, aber nur ohne Nüsse, und dass sie nachts Kaffee trinkt, auch wenn sie danach kaum einschlafen kann, und all das möchte er weiterhin wissen und jeden Tag erleben, oder beinahe jeden Tag, denn nach den Stunden mit der Geliebten ist er, auch wenn er seine Frau später sieht, unaufmerksam und hat wenig Sinn für ihre liebenswerten Eigenarten. Zugleich ist er erfahren genug, um seine Abenteuer nicht für einzigartig zu halten; alle seine Kollegen, und es gibt keine Ausnahmen, erleben ähnliche Geschichten, natürlich mit weniger bezaubernden Geliebten, denn die seine ist unübertroffen, aber mit dem gleichen Risiko. Also verabschiedet er sich angstfrei von seiner Frau, schwenkt die Sporttasche, die er nicht braucht, nicht ohne zu betonen, dass er sich bald neue Hallenschuhe zulegen muss, weil die Sohlen schon ganz abgelaufen sind, fährt in die Wohnung seiner Geliebten, die niemanden betrügen muss und ihm deswegen frei und lachend die Tür öffnet, trinkt etwas mit ihr, während schon die Blicke ineinandertauchen, damit die Körper sich vorbereiten können auf den hitzigen Zusammenstoß, der ihn auch nach drei Jahren noch mit der verlässlichen Wucht eines Autounfalls aus der Bahn wirft, dafür ist die Geliebte ja da, und warum sollte er sich davor fürchten, um ihn aus allem herauszuholen, das er niemals aufgeben möchte, und sie tut es mit einem beinahe wütend zusammengepressten Gesicht und ständigem wilden Gemurmel, das in ihn hineinrinnt wie Sprit und erst aufhört, wenn sie still liegen, als hätte jemand den Strom abgestellt, und ihre schweren, durch den Unfall leicht verschobenen Gliedmaßen ruhen ineinander. Nur gut, dass er weiß, dass sich alles wieder zurechtrücken lässt und dass seine Frau ihm niemals ansieht, dass die Hose, die Socken, das Hemd zusammengeknüllt auf dem Boden einer anderen Frau lagen, mit der er, sooft es nur geht, hingebungsvoll verunglückt, so wie alle anderen um ihn herum solche Entgleisungen suchen, planen und auskosten. Er ist nicht allein, er ist einer von Tausenden in dieser Stadt. Fäden aus Lug und Trug und Heimlichkeiten spinnen sich quer über die Straße, im Zickzack durch das Viertel, wie ein Netz über die Stadt, und die Männer wachen darüber, dass sich niemand darin verklebt. Gelegentlich verfangen sich welche, die er kennt, darin, strampeln heftig, bäumen sich auf, leugnen alles, streiten sich nächtelang, und irgendwann geht es dann doch, sie fangen sich wieder, die Frauen beruhigen sich, manche Ehen gehen auseinander, es ist noch niemand gestorben. Er hat sich an das schale, trotzige Gefühl beim Lügen gewöhnt, hat gelernt, es rasch zu vergessen, weil die nächste Lüge schon wartet, kennt geschickte Begründungen für Verspätungen, verlorene Strümpfe, verlegte Geldbörsen und für den entzückenden altmodischen Salzstreuer zu Weihnachten, der nun, ein eingeschmuggelter Fremdkörper, neben der Zuckerdose im Regal steht.

Es gibt nur einen einzigen Moment, der niemals mehr eintreten darf. Einmal ist er zurückgekehrt von einer vorgetäuschten Dienstreise, also der Geliebten, wie üblich mit der Straßenbahn, obwohl ihn seine Frau immer zu Taxifahrten überreden will, damit er schneller vom Bahnhof zu ihr kommt, aber ihm geht es gerade um die Langsamkeit, die ihm ein allmähliches Abstreifen der Geliebten erlaubt. Er saß am Fenster, das Köfferchen zwischen den Füßen, schaute auf die Häuser im wässrigen Nachmittagslicht, und auf einmal stellte er sich vor, er fahre unter Wasser, die Straßenbahn, die stählern glänzende Sparkasse, die Tankstelle mit der blauen Reklame, ja die ganze Stadt lägen auf dem Grund eines tiefen, aber klaren Gewässers, und die Menschen, die sich auf den Straßen bewegten und in der Bahn saßen wie er selbst und sich in den Betten, auf den Sofas, an Wänden und auf den Böden aneinanderklammerten, seien mit Lungen ausgestattet, die das Wasser wie Luft in den Körper ziehen und wieder ausatmen könnten, sodass niemand etwas merkte von der wässrigen Beschaffenheit der Welt, auch seine Geliebte nicht, die gerade unter der Dusche seine Spuren abwusch, ohne zu ahnen, dass sie ja schon im Wasser war, und auch seine Frau schwamm vielleicht gerade durch das Haus und rückte Dinge zurecht, ohne den Widerstand des Wassers zu spüren, weil sie es nicht anders kannte. Er atmete langsam, bewegte vorsichtig den Kopf hin und her und war sich nun ganz sicher, er spürte das Wasser sogar wie eine durchsichtige Folie an den Augen und nun auch an den Wangen, es lief ihm über die Backen, und er brauchte es nicht wegzuwischen, weil es ja niemand sah.

Als er ausstieg und mühsam die Straße entlangging, bemüht darum, keine watenden Bewegungen zu machen und den Koffer so fest in der Hand zu halten wie immer, sah er seine Frau hinten am Schuppen, wo die Mülltonnen standen. Sie winkte ihm zu, ließ sich aber nicht dabei stören, große verbogene Kartons in Streifen zu reißen. Erst mit dem Geräusch der reißenden Pappe konnte er wieder Luft holen und sich energisch über das Gesicht wischen, konnte die Straße überqueren, den Asphalt unter den Schuhen hören, den Koffer neben den Mülltonnen abstellen und seine Frau, die immer weiter die Pappe in Stücke riss, von hinten in den Arm schließen.

Ein zweites Mal, damit muss er rechnen, wird er vermutlich nicht mehr auftauchen.

Weintrauben Schon während sie aus dem Bus steigt, langsam, eine Hand auf der Tasche, eine am Haltegriff, obwohl die Türen sich schon von links und rechts an sie herandrängen, weil sie auf schnellere

Fahrgäste eingestellt sind, befürchtet sie, ihn nicht zu erkennen. Seit er in der Klinik ist, hat sie ihn nicht besucht, weil sie beschäftigt war, weil die Blätter des Kastanienbaums vom Gehweg gekehrt werden, ein Geburtstagsbrief an die Tochter geschrieben und der Vortrag eines beglückten, fotografisch versierten Bekannten über den Jakobsweg besucht werden mussten.

Die Klinik ist schlecht zu erreichen, zweimal musste sie umsteigen, und von den Weintrauben, die sie für ihn in der Handtasche hat, musste sie schon einige selbst essen. Langsam geht sie von der Haltestelle über den riesigen Parkplatz auf die Klinik zu, während um sie herum Autos in raschem Tempo ein- und ausparken, Leute überholen sie, als könnten sie es kaum erwarten, durch die Schiebetüren der Klinik zu preschen, aber dann fällt ihr wieder ein, dass die Schritte der anderen ihr ja nur schnell erscheinen, weil sie selbst sorgfältig, mit gesenktem Kopf einen Fuß vor den anderen setzt. Gut, dass der Hund gestorben ist, denkt sie, der bis zuletzt nicht gelernt hat, richtig an der Leine zu laufen, Kraft hatte er, und wenn er voranwollte, musste sie sich mit einer Wucht in die Leine stemmen, die sie sich kaum noch vorstellen kann, sie könnte keinen Hund mehr halten, aber er hätte es noch gekonnt, nur macht er sich gar nichts aus Tieren. Sie möchte ihn in der Klinik nur sehen, wenn er einen Hund noch halten könnte, aber das hat sie am Telefon ja kaum fragen können, als sie ihren Besuch ankündigte und wissen wollte, ob es ihm recht war, und er auf eine Weise schwieg, die ihr eine kalte Sorge in die Arme und die Finger schob. Seit dem Anruf hat sie kalte Hände, sie wird ihm bei der Begrüßung nicht die Hand geben, aber umarmen wird sie ihn ganz sicher auch nicht, im Krankenbett kann man niemanden umarmen, man müsste sich auf unziemliche Weise über den Kranken beugen wie über ein Kind beim Gutenachtsagen, und das wird sie ihm ersparen.

Endlich hat sie die Pforte erreicht, in der Eingangshalle dreht sie sich langsam um die eigene Achse und versucht, die Schilder mit den Etagen und den Stationen zu entziffern, aber die Schrift ist zu klein, sie wird fragen müssen. Ihr fällt ein, dass sie ihn noch nie im Schlafanzug gesehen hat; ihre Ausflüge waren immer voll bekleidet, nur einmal in einem warmen Sommer schwammen sie, obwohl seine Frau mit dem Baby im Hotelzimmer wartete, nackt zweimal durch den See, lachten und schauten sich nicht an, während sie die Kleider wieder über die feuchten Körper zogen.

So wird sie es auch jetzt machen, sie wird lachen und ihn nicht anschauen, auch bei der Beerdigung seiner Frau hat sie ihn nicht angeschaut, weil sie sich nicht sicher war, ob sie einen angemessenen Blick zustande bringen würde. Und wenn er nichts sagt, wird sie nicht lange bleiben, für inniges Schweigen ist sie nicht zuständig, so wenig wie für plötzliche

Unkenntlichkeit. Sie hätte niemals geglaubt, dass sie auf seine dichten filzgrauen Haare verzichten könnte, aber die Veränderung war behutsam, einige fielen aus, beim nächsten Besuch trug er sie kurz rasiert, sodass sie sich langsam an seinen immer nackteren Kopf gewöhnen konnte. Auch die Brüchigkeit seiner Fingernägel, sein zunehmend magerer Hintern und das leichte Zittern in den Handgelenken waren hinnehmbar, weil alles sich in winzigen Schritten vollzog, etwa so langsam, wie sie jetzt in dieser Halle herumtappt. Auf gelbliche Gesichtsfarbe, stärkeres Zittern, ausgedehntes Schweigen und einen schwermütigen Blick kann sie sich einlassen, alles Weitere ist nicht vorgesehen. Entschlossen schiebt sie die Brille, die ihr doch nicht hilft, wieder in die Handtasche zu den Trauben und geht zum Empfang.

Sie fragt eine Rezeptionistin, die gerade die Reste eines Nudelauflaufs vom Teller kratzt und versonnen an ihr vorbeischaut, nach seinem Zimmer. Die Rezeptionistin stellt kauend den Teller zur Seite und tippt seinen Namen in die Tastatur.

Ja, sagt sie, der ist auf der Intensiv.

Wieso Intensiv, sagt sie und beugt sich vor, mir wurde gesagt, er ist auf der Inneren, er hat ein Einzelzimmer, wir haben telefoniert, wissen Sie.

Die Rezeptionistin hat den Teller schon wieder vor sich.

Tja, sagt sie mit der besonders deutlichen, bemüht geduldigen Stimme, mit der ihr vorhin auch schon der Busfahrer das Umsteigen erklärt hat, vielleicht war er ja da. Jetzt ist er aber auf der Intensiv. Besuchszeit zwischen 14 und 17 Uhr, Sie sind zu früh.

Sie bleibt noch einen Moment am Empfang stehen, die Handtasche hat sie abgestellt. Sie könnte warten, einen Kaffee trinken, etwas lesen, ihre Finger glühen auf einmal, als hätte jemand ein Feuerzeug darangehalten. Langsam geht sie los. An der Bushaltestelle ist eine Bank, dort wird sie sitzen und die Trauben aufessen.

Z

Zähne Seit einiger Zeit beißt seine Hündin, und irgendwann wird man sie ihm wegnehmen. Diese Hündin, ein kniehohes zottiges Tier mit braunen Augen und einem schwarzen Lidstrich, liegt morgens vor seinem Bett und abends auf seinen Füßen. Sie ist warm und schwer, obwohl man die Rippen unter dem Fell erkennen kann, und wenn sie im Regen nass wird, sieht man, wie dünn sie ist, aber sie nimmt nicht zu. Sie frisst ihren Teil, mehr nicht, sie schläft im Haus und läuft neben ihm, wenn sie spazieren gehen, sie macht alles so, wie es recht ist.

Nur wenn sie nicht an der Leine ist und auf einen anderen Hund trifft, kann es passieren, dass sie plötzlich voranpresst, das geduckte Schwanzwedeln und angstvolle Gefiepe, das üblicherweise die Beißhemmung in Gang setzt, übersieht und mit einem Satz dem anderen Hund an den Hals springt oder auf den Rücken, immer so, dass der andere sie nicht abschütteln, sich aber auch nicht davonmachen kann, weil sie ihre Zähne ins Fleisch schlägt und nicht mehr loslässt.

Er tritt dann rasch hinzu, und einen Augenblick lang staunt er über die Kraft seiner dünnen Hündin, ihren maßlosen Hass, sie will den anderen Hund beißen, vielleicht auch töten, sie ist ungeheuerlich, und einen Herzschlag lang bewundert er sie hemmungslos, bevor er mit beiden Händen in ihr Fell packt und sie laut brüllend von dem anderen Tier herunterzerrt.

Auch der gegnerische Besitzer ist zur Stelle, beugt sich über seinen zitternden Hund, untersucht die Bisswunde, wenn es blutet, werden Telefonnummern ausgetauscht. Irgendwann wird er nicht schnell oder nicht stark genug sein, Schlagader, Tierarzt, Anzeige, und er wird sie verlieren. Er wird abends allein im Wohnzimmer sitzen und auf die Gesellschaft einer Mörderin verzichten müssen.

Zirpen Früher war es nicht nötig, dauernd miteinander zu sprechen, sie sahen sich ja ständig, und niemandem fällt dauernd etwas ein, also aßen sie zusammen, manchmal spielten sie nach dem Abendbrot Halma, ein wunderbar altmodisches Spiel, das heutzutage völlig ausgestorben ist, vielleicht, denkt sie, müsste ein Artenschutz für bedrohte Spiele eingerichtet werden, an die niemand mehr denkt, weil sie langsam, umständlich und ereignislos sind, aber doch nützlich waren, um einen schweigenden Abend in beruhigender Langeweile miteinander zu verbringen: Fang-den-Hut, Mühle, Spitz-pass-auf, Spiel des Lebens. Spiel des Lebens war überhaupt das beste, man ging Lebensläufe durch, mit einem kleinen Auto aus rosa oder hellblauem Plastik steuerte man durch erwürfelte Schicksale, Hochzeit, Kinder, Bankrott, ein Lottogewinn, es ging auf und ab, und mit etwas Glück saßen bald in dem kleinen Auto zwei oder drei Figürchen, sodass man den Höhen und Tiefen des Lebens nicht allein ausgesetzt war, und sie grinsten sich an, ihr Sohn oft vom Glück bedacht mit den höchsten Punkten und besten Karten, und sie gönnte es ihm, schläfrig von den immer gleichen Spielzügen und dem Ticken der Zentralheizung.

Als der Sohn begann, allein in seinem Zimmer mit dem Computer zu spielen, ließ sie ihn in Ruhe, sie hatte sich immer in Zurückhaltung geübt und war eine Meisterin darin geworden, taktvoll und vorwurfsfrei auf dem Sofa zu sitzen, mit der Fernbedienung zu spielen, den Kater zu kraulen und gelegentlich einen Blick auf die erleuchteten Fenster der Nachbarn zu werfen, die gerne Feste feierten und in gut geschnittenen Kleidern und leuchtend weißen Hemden in der Küche lehnten und mit ihren Gästen anstießen.

Die Spiele hat sie aufbewahrt, vielleicht werden sie ihre Enkel eines Tages amüsieren, diese umständlichen Vergnügungen einer langsameren Zeit. Sie vermisst die Spieleabende nicht, aber das Schweigen des Sohnes, das sie nie gestört hat, solange er bei ihr wohnte – die stummen Spaziergänge, wenn sie sonntags durch den Stadtwald schlenderten und großen Familienrudeln beim Grillen und Völkerballspielen zusahen; die Morgenstunden, wenn er im Sportteil blätterte, während sie ihm Erdnussbutterbrote schmierte –, beginnt sie zu quälen, sobald es länger als einen Tag dauert. Als Meisterin der Zurückhaltung weiß sie, dass nichts einen schweigsamen Sohn mehr behelligt als tägliche Anrufe der ausgehungerten Mutter, aber es ist ihr fast unmöglich, auf seine Stimme zu verzichten. Er spricht in ihr, seine helle Kinderstimme, die nach dem Kater rief, der wieder nicht nach Hause gekommen war, seine tief gewordenen Rufe auf dem Fußballfeld, das sie in weiten Bögen umkreiste, um ihn mit den anderen Jungen über den Platz jagen zu sehen, die Regeln interessierten sie nicht, auch nicht, wer gewann, nur die weit ausgreifenden Sprünge ihres Sohnes, seine schlenkernden Arme, die verschwitzten Strähnen, die ihm über die Augen fielen, weil sie ihm nicht mehr die Haare schneiden durfte. Weil sie ihn sowieso hört, muss sie ihn ja auch nicht anrufen, so versucht sie sich selbst zu überzeugen, jeden Tag von Neuem, wenn sie den Hörer in der Hand hält. Er hat keinen Festnetzanschluss mehr, darauf legt er Wert, das braucht niemand mehr, Mama, erklärt er ihr, es gibt günstige Anbieter, und sie kann ihm nicht begreiflich machen, dass sie es doch braucht, eben weil es fest ist und sie zum Telefonieren zu Hause sein muss, auf dem Sofa, dort, wo früher der Kater gesessen hat, während sie nie weiß, wo sie ihren Sohn erwischt, wenn sie ihrem Drang nachgibt und doch seine Nummer wählt, er kann in der Bahn sein oder im Bett einer Frau, in der Schlange an der Kasse, vielleicht auch in der Spielbank, auf der Eisbahn oder dem Friedhof, was weiß sie schon, und obwohl sie jedes Mal fragt, wo steckst du denn gerade, bekommt sie selten eine Antwort. Unterwegs, sagt er nur.

Und dann gibt es die Tage, an denen sie ihn nicht erreicht, sie wählt und lauscht, sein Telefon ist ausgeschaltet, natürlich kann er es nicht ständig anschalten, vielleicht ist er an einem Ort, wo ein Klingeln unpassend wäre, im Theater oder im Kino, aber ins Theater geht er nicht, oder nicht dass sie wüsste, aber was weiß sie schon. Er kann sich verändert haben, das sollte sie ihm sogar wünschen, nicht dass er nicht wunderbar so wäre, wie er war, aber Veränderung sollte eine Mutter ihrem Sohn schon zugestehen, warum sollte er nicht mit einem hübschen Mädchen und sauberen Schuhen ins Theater gehen, eine schöne Mozartoper oder ein neues Stück, etwas über unsere Zeit, die seine und auch die ihre noch, aber dass sie seine Vergnügungen, ja selbst seine Bildung mit dem Verzicht auf seine Stimme bezahlt, ist kaum zu ertragen. Wir können ja nicht ständig reden, sagt sie leise und trotzig, als könnte er etwas entgegnen, und weil er nicht antwortet, tut sie es eben selbst, was heißt ständig, sagt sie böse, ist einmal am Tag etwa ständig, und ist ein rascher Anruf etwa reden, er muss ja gar nicht viel sagen, er kann ja auch husten, auch dann könnte ich seine Stimme hören, und bei dem Gedanken an ihren laut ins Telefon hustenden Sohn kommen ihr die Tränen, weil sie auf einmal sicher ist, heute nichts mehr von ihm zu hören, kein Sprechen, kein Lachen und auch kein Husten, und genauso sicher ist es, dass jemand anderes ihm gerade zuhört beim Atmen, Reden oder Keuchen, etwas hört man immer, ganz still ist es nie, wenn ihr Sohn da ist, nur bei ihr ist es für diesen Abend und diese Nacht unausweichlich still, und der Einzige, der ihr Weinen hört, ein kaum vernehmliches Fiepen, fast schon ein Zirpen, wie die Grillen in der Nacht, ist sie selbst.

Zittern

Hungrig sein im eigenen Hause.
Stinken, ohne davon zu wissen.
Nicht mehr aufhören können zu lachen.
Das eigene Kind nicht lieben.
Sich an den Rändern auflösen.
Nichts mehr hören können.
Nichts mehr schmecken können.
Nicht mehr gehen können.
Nicht mehr singen können.
Zu viel sehen müssen.
Jemanden lieben und es niemals sagen können.

Verspeist werden.
Keinen Tanzpartner finden.
Auch beim nächsten Mal keinen Tanzpartner finden.
Ein weiches Tier zertreten.
Soldat werden müssen.
Ein Tier schlachten.
Mitten auf dem See die Ruder verlieren.
Den eigenen Bruder mit dem falschen Namen begrüßen.
Den Hund in der Tür zerquetschen.
Schweigend beim Essen sitzen.
Streitend beim Essen sitzen.
Gar nicht beim Essen sitzen.
Im Restaurant deutlich hörbar furzen müssen.
Einen Körperteil abgetrennt bekommen.
Sich beim Verwelken zusehen.
Dem eigenen Kind beim Verwelken zusehen.
Schokolade essen und Braten schmecken, Braten essen und Schokolade schmecken.
Am helllichten Tag die Augen öffnen und nichts sehen.
Zittern, einfach so.